häkel street style

DIY – einfach selbst häkeln

Boshis, Schals, Taschen und Accessoires

häkel street style

Inhalt

Boshis

- Agano — Seite 12
- Akishima — Seite 16
- Arao — Seite 22
- Chino — Seite 26
- Ebino — Seite 30
- Ena — Seite 36
- Fussa — Seite 40
- Goto — Seite 44
- Hekinan — Seite 50
- Hitachi — Seite 54
- Inuyama — Seite 58
- Kashima — Seite 64
- Omachi — Seite 70
- Yame — Seite 76

myboshi goes High Fashion!

Nirgendwo sonst verbinden sich modische Kreativität und individuelles Lebensgefühl zu einzigartigen Looks voller Energie und Ausstrahlung wie in der Großstadt. Von diesem ganz besonderen Spirit haben wir uns inspirieren lassen. Street-Style ist das Motto – und das Ergebnis ist eine außergewöhnliche Mischung aus aktuellen Trends und Handarbeitsprodukten, die dein Outfit nicht nur stilsicher und geschmackvoll aufwerten, sondern echte DIY-Akzente modischer Art setzen.

Ob Handarbeits-Hipster, City-Abenteurer, Business-Rocker, Boshinista oder DIY-Rebellin: In diesem Buch findest du deinen persönlichen Lieblingslook mit dem Charme des Selbstgemachten. Der Reiz liegt dabei im aufregenden Mix verschiedener Materialien und Stile: Kuschelige Wolle trifft auf Jeans, Lederjacken, Baumwollshirts oder Jumpsuits. Auf derbe Boots, groben Strick und zarte Spitze.

Topgestylt im Büro oder auf der Afterwork-Party? Beim Shopping-Bummel mit Freunden? Oder einem edlen Abendevent? Gar kein Problem! Im Buch präsentieren wir das richtige Outfit für nahezu jede Gelegenheit. Dezent-elegante Business-Styles findest du ebenso wie die neue Vintage-Lässigkeit des Boho-Stils oder progressiv-modernen City Chic. So wird die Straße zum Laufsteg deiner persönlichen Fashion-Show. Alle Kleidungsstücke, Schuhe und Accessoires gibt es übrigens über zalando.de. Viel Spaß beim Entdecken und Nacharbeiten der lässigen Street-Styles von myboshi!

Wie lese ich Anleitungen ...

Unsere Anleitungen sind anders als alle Anleitungen, die du bisher kennst. Sie sind einfach zu verstehen, da wir höchstens drei Abkürzungen verwenden:

F ist die Abkürzung für Farbe.
R ist die Abkürzung für Reihe.
Rd ist die Abkürzung für Runde.

Wir bemühen uns sehr, das Handarbeiten jedem verständlich und einfach beizubringen. Deshalb: Lies erst einmal alles genau durch, bevor du in die gewohnte Spaltenansicht „Farbe", „Reihe" oder „Runde", „Beschreibung" und „Maschen in Reihe" oder „Maschen in Runde" springst.

Eine Anleitung ist folgendermaßen aufgebaut:
1. Übersicht über die Materialien und Nadeln, die gebraucht werden. Für die Wolle gilt: myboshi No. 3 kann alternativ zu myboshi No. 1 verwendet werden. Die Qualität erkennst du an der jeweiligen Farbnummer auf der Banderole. Alle Farbnummern, die mit einer 3 beginnen, kennzeichnen die myboshi No. 3 und alle Farbnummern mit einer 1 am Anfang kennzeichnen die myboshi No. 1. Der Garnverbrauch ist immer für myboshi No. 1 und No. 3 angegeben, da die myboshi No. 3 eine kürzere Lauflänge hat und man entsprechend mehr Wolle verbraucht. Für die Größenangaben und Maße des Häkelprodukts gilt: Häkeln ist Handarbeit und da jeder etwas anders häkelt, können die Größenangaben in der Fläche (z. B. bei einem langen Schal) schon mal einen Unterschied von 10 bis 15 cm ausmachen.

Die Maschenprobe ist eine gehäkelte Fläche von 10 × 10 cm Größe, an der man überprüfen kann, wie fest bzw. locker man häkelt. Einfach je nach Angabe beim Produkt nachhäkeln und sehen, ob es passt! Ist das Gehäkelte bei angegebener Maschen- und Reihenzahl zu groß, mit einer kleineren Nadel häkeln, ist es zu klein, mit einer größeren Nadel häkeln!

2. Anschließend folgt ein Erklärungstext zu den verwendeten Maschenarten. Hier findest du alle in der Anleitung verwendeten Maschenarten, die im Know-how-Teil ausführlich und anschaulich erklärt werden.

3. Bei allen Anleitungen findest du eine Anzahl von Eicheln (Skills), die den Schwierigkeitsgrad der jeweiligen Anleitung darstellen. Auf einer Skala von 1 bis 5 Eicheln ist eine Anleitung mit 1 Eichel absolut anfängergeeignet und 5 Eicheln eignen sich für geübte Häklerinnen und Häkler. Die Arbeitszeit ist großzügig für Häkelanfänger berechnet.

4. Nach dem Durchlesen der Anleitung kannst du auch schon loslegen.
Wichtige Informationen befinden sich in dem kurzen Text ÜBER der Spalte „Farbe, Runde/Reihe, Beschreibung, Maschen in Runde oder Reihe". Die Anfangsluftmasche immer nach ca. 15 cm häkeln und die Fäden am Ende immer nach ca. 15 cm abschneiden und gut vernähen. Sollte der Anfangs- oder Endfaden länger gelassen werden, so wird das extra angegeben.

myboshi verwendet QR-Codes.
Diese können mit einem QR-Scanner gescannt werden und leiten auf eine Seite weiter, auf der die Grundanleitungen aus dem Know-how-Teil mit einem kleinen Video anschaulich erklärt werden.

Anleitungen

Alle Boshinistas ...

... und Fashion-Häuptlinge aufgepasst! Mit den neuen Street-Style-Modellen wird deine Kopfbedeckung zum Stilfaktor. Auf den folgenden Seiten findest du trendigen Boshi-Chic für Freizeit oder Business, Stadtbummel oder den Weg ins Büro. Mit deiner selbst gemachten Mütze trägst du Individualität und persönliches Lebensgefühl auf dem Kopf.

Boshis
Mehr Style für deinen Kopf!

Fertig in ca. **1,5 h**

Agano

Außergewöhnliche Streifen durch raffinierte Maschen!

Die Boshi „Agano" wird mit Maschenbündeln V 2 aus halben Stäbchen (siehe Seite 176) in Runden gehäkelt. Durch die Maschenbündel ergibt sich ihr interessantes Muster. Mit der Abschlussrunde kommen am Ende noch feste Maschen (siehe Seite 171) dazu.

SKILLS

Maschenprobe
10 × 10 cm =
12 halbe Stäbchen × 8 Reihen

Nadeln
myboshi Häkelnadel 6,0 mm,
Stick-/Vernähnadel

Kopfumfang
Größe M 52–56 cm
Größe L   57–60 cm

Material
myboshi Wolle No. 1
oder No. 3

Farbidee und Verbrauch

			No. 1	No. 3
F1	193	Silber	40 g	70 g
F2	191	Weiß	25 g	40 g
F3	142	Rose	15 g	25 g
F4	136	Puder	15 g	25 g

Anfangsring gilt für beide Größen (siehe Seite 170). Beginn mit F 1. Runden werden geschlossen (siehe Seite 177).
Fortan wird nun mit halben Stäbchen (siehe Seite 172) gearbeitet, die hier als „Maschen" bezeichnet werden.

Agano für Größe M

Farbe	Runde	Beschreibung	Maschen in Runde
F 1	1.	in den **Anfangsring** 12 Maschen arbeiten	12
F 1	2.	jede Masche doppeln, also 2 Maschen in 1 Einstichstelle arbeiten	24
F 1	3.	1 Masche einfach häkeln, 1 Masche doppeln	36
F 1	4.	4 Maschen einfach häkeln, 1 Masche doppeln	43
F 1	5.	5 Maschen einfach häkeln, 1 Masche doppeln	50
F 2	6.	(1 Maschenbündel V 2 (siehe Seite 176) häkeln, 1 Einstichstelle auslassen) Klammer 24-mal wiederholen	25
F 3	7.	in dem 2. halben Stäbchen des 1. Maschenbündels der Vorrunde mit der Runde beginnen (1 Maschenbündel V 2 häkeln, 1 Einstichstelle auslassen) Klammer 24-mal wiederholen – die Maschenbündel liegen nun versetzt zu den Maschenbündeln der Vorrunde	25
F 2	8.	7. Rd wiederholen	25
F 4	9.	7. Rd wiederholen	25
F 1	10. + 11.	7. Rd wiederholen	25
F 2	12.	7. Rd wiederholen	25
F 3	13.	7. Rd wiederholen	25
F 2	14.	7. Rd wiederholen	25
F 4	15.	7. Rd wiederholen	25
F 2	16.	Abschlussrunde/Rückrunde: In die entgegengesetzte Maschenrichtung in jedes halbe Stäbchen 1 feste Masche (siehe Seite 171) häkeln. Dazu die Boshi einfach mit der letzten auf der Nadel liegenden Schlinge um die eigene Achse drehen und häkeln.	50

Ende Größe M

Agano für Größe L

Farbe	Runde	Beschreibung	Maschen in Runde
F 1	1.–5.	siehe Größe M	12–50
F 1	6.	11 Maschen einfach häkeln, 1 Masche doppeln	54
F 2	7.	(1 Maschenbündel V 2 häkeln, 1 Einstichstelle auslassen) Klammer 26-mal wiederholen	54
F 3	8.	in dem 2. halben Stäbchen des 1. Maschenbündels der Vorrunde mit der Runde beginnen (1 Maschenbündel V 2 häkeln, 1 Einstichstelle auslassen) Klammer 26-mal wiederholen – die Maschenbündel liegen nun versetzt zu den Maschenbündeln der Vorrunde	27
F 2	9.	8. Rd wiederholen	27
F 4	10.	8. Rd wiederholen	27

F 1	11. + 12.	8. Rd wiederholen	27
F 2	13.	8. Rd wiederholen	27
F 3	14.	8. Rd wiederholen	27
F 2	15.	8. Rd wiederholen	27
F 4	16.	8. Rd wiederholen	27
F 2	17.	Abschlussrunde/Rückrunde: In die entgegengesetzte Maschenrichtung in jedes halbe Stäbchen 1 feste Masche häkeln. Dazu die Boshi einfach mit der letzten auf der Nadel liegenden Schlinge um die eigene Achse drehen und häkeln.	54
		Ende Größe L	

Fertigstellung

Alle Fäden nach ca. 15 cm abschneiden und gut vernähen. Fertig!

Farbinspiration

F 1 195 Anthrazit
F 2 193 Silber
F 3 175 Schlamm
F 4 192 Elfenbein

F 1 193 Silber
F 2 155 Marine
F 3 159 Saphir
F 4 157 Blaubeere

Fertig in ca. **3,5 h**

Akishima

Warm + weich = Lieblingsmütze!

Die Boshi „Akishima" wird mit Flachnoppen V 2 (siehe Seite 174), halben Stäbchen (siehe Seite 172) und festen Maschen (siehe Seite 171) in Runden gehäkelt.

SKILLS

Maschenprobe
10 × 10 cm =
5 Flachnoppen V 2 × 6 Reihen

Nadeln
myboshi Häkelnadel 6,0 mm,
Stick-/Vernähnadel

Kopfumfang
Größe M 52–56 cm
Größe L 57–60 cm

Material
myboshi Wolle No. 1
oder No. 3

Farbidee und Verbrauch

		No. 1	No. 3
F 1	195 Anthrazit	130 g	195 g
F 2	123 Smaragd	25 g	40 g

Tipp: Solltest du fest häkeln, nimm eine Häkelnadel der Stärke 7,0 oder 8,0 mm.

Anfangsring gilt für beide Größen (siehe Seite 170). Beginn mit F 1. Runden werden geschlossen (siehe Seite 177). Bei Flachnoppen anschließend 2 Luftmaschen, bei festen Maschen oder halben Stäbchen anschließend 1 Luftmasche häkeln.
Fortan wird mit Flachnoppen V 2 (siehe Seite 174) gearbeitet.

Akishima für Größe M

Farbe	Runde	Beschreibung	Maschen in Runde
F 1	1.	in den **Anfangsring** 8 Flachnoppen arbeiten	8
F 1	2.	jede Flachnoppe doppeln, also 2 Flachnoppen in 1 Luftmasche der Vorrunde arbeiten	16
F 1	3.	(1 Flachnoppe doppeln, 1 Flachnoppe einfach häkeln) Klammer 7-mal wiederholen	24
F 1	4.–7.	Flachnoppen häkeln	24
F 2	8.	in jede Flachnoppe und in jede Luftmasche 1 halbes Stäbchen (siehe Seite 172) häkeln, das 24. + 48. halbe Stäbchen doppeln	50
F 2	9.	halbe Stäbchen häkeln	50
F 1	10.	abwechselnd 1 Flachnoppe häkeln, 1 Einstichstelle auslassen	25
F 1	11.–13.	Flachnoppen häkeln	25
F 2	14.	in jede Flachnoppe und in jede Luftmasche 1 halbes Stäbchen häkeln	50
F 2	15.	halbe Stäbchen häkeln	50
F 1	16.	10. Rd wiederholen	25
F 1	17.–19.	Flachnoppen häkeln	25
F 1	20.	in jede Flachnoppe und in jede Luftmasche 1 feste Masche (siehe Seite 171) häkeln	50
F 1	21.	feste Maschen häkeln	50
F 1	22.	Abschlussrunde/Rückrunde (siehe Seite 178)	50

Ende Größe M

Akishima für Größe L

Farbe	Runde	Beschreibung	Maschen in Runde
F 1	1.	in den Anfangsring 9 Flachnoppen arbeiten	9
F 1	2.	jede Flachnoppe doppeln, also 2 Flachnoppen in 1 Luftmasche der Vorrunde arbeiten	18
F 1	3.	(1 Flachnoppe doppeln, 1 Flachnoppe einfach häkeln) Klammer 7-mal wiederholen, 2 Flachnoppen einfach häkeln	26
F 1	4.–7.	Flachnoppen häkeln	26
F 2	8.	in jede Flachnoppe und in jede Luftmasche 1 halbes Stäbchen häkeln	52
F 2	9.	halbe Stäbchen häkeln	52
F 1	10.	abwechselnd 1 Flachnoppe häkeln, 1 Einstichstelle auslassen	26
F 1	11.–13.	Flachnoppen häkeln	26

F 2	14.	8. Rd wiederholen	52
F 2	15.	halbe Stäbchen häkeln	52
F 1	16.	10. Rd wiederholen	26
F 1	17.–20.	Flachnoppen häkeln	26
F 1	21.	in jede Flachnoppe und in jede Luftmasche 1 feste Masche häkeln	52
F 1	22.	feste Maschen häkeln	52
F 1	23.	Abschlussrunde/Rückrunde (siehe Seite 178)	52
		Ende Größe L	

Fertigstellung

Alle Fäden nach ca. 15 cm abschneiden und gut vernähen. Fertig!

Farbinspiration

F 1   394 Titangrau
F 2   357 Blaubeere

F 1   193 Silber
F 2   115 Avocado

boshi

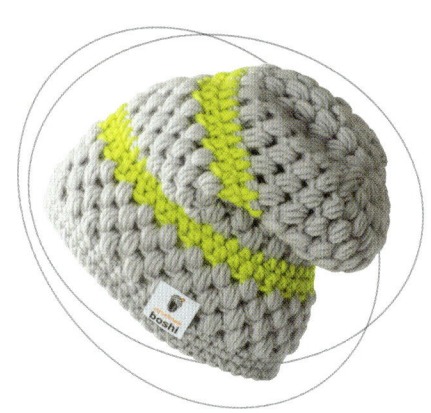

Andere Looks

Grauer Herbst trifft Sonnengelb

Gelb macht glücklich. Gelb ist im Trend – vor allem in Kombination mit sanften Weiß-, Beige-, Grau- und Jeanstönen.

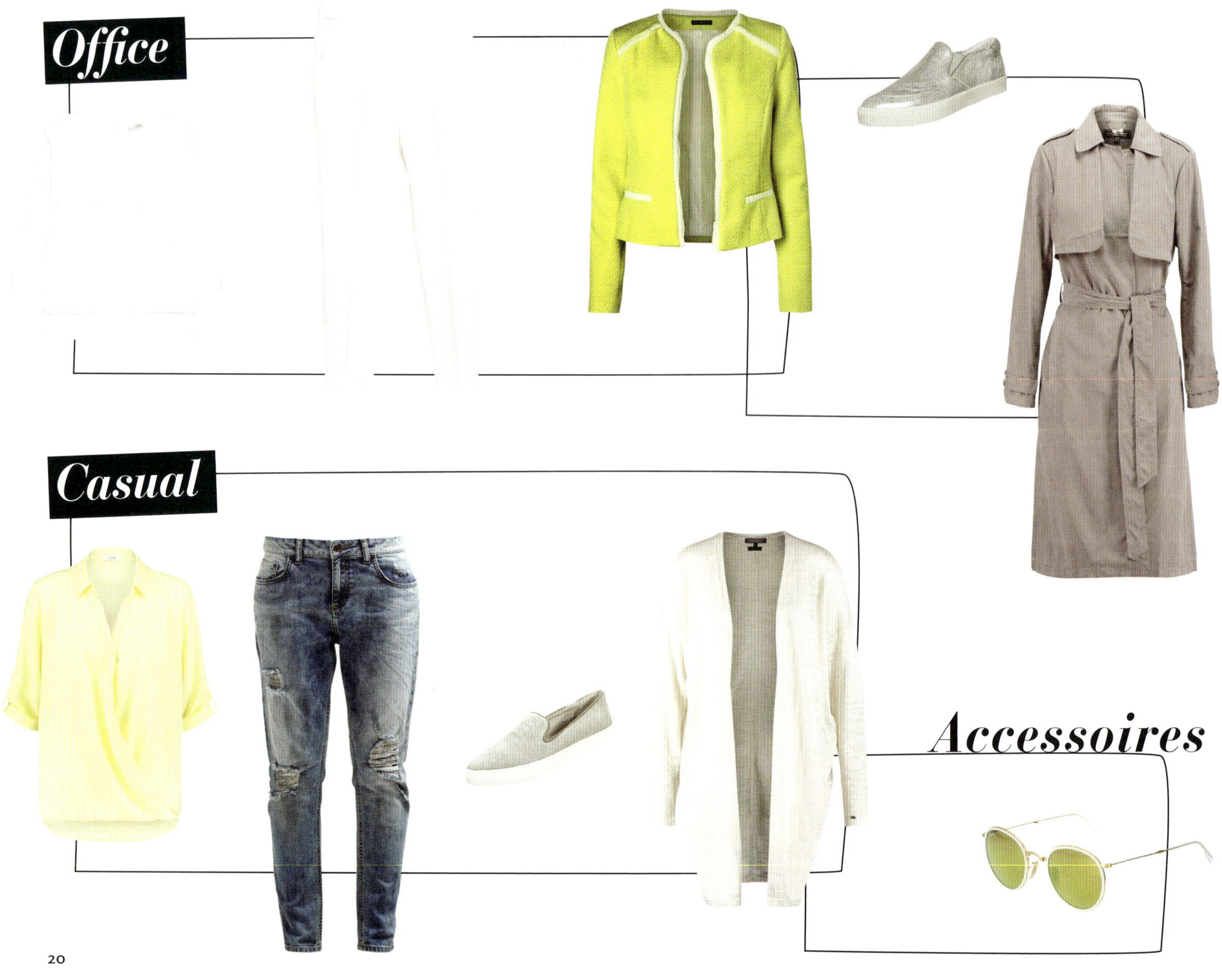
Office
Casual
Accessoires

Kuschelig und warm!

Arao

Die Boshi „Arao" wird mit halben Stäbchen (siehe Seite 172) und in der unteren Hälfte mit von hinten eingestochenen halben Stäbchen (siehe Seite 173) gehäkelt. Feste Maschen (siehe Seite 171) kommen im unteren Drittel der Boshi vor und sie wird in Runden gehäkelt.

SKILLS

Maschenprobe
10 × 10 cm =
12 halbe Stäbchen × 8 Reihen

Nadeln
myboshi Häkelnadel 6,0 mm,
Stick-/Vernähnadel

Kopfumfang
Größe M 52–56 cm
Größe L 57–60 cm

Material
myboshi Wolle No. 1
oder No. 3

Farbidee und Verbrauch

			No. 1	No. 3
F1	196	Schwarz	50 g	75 g
F2	193	Silber	20 g	30 g
F3	172	Ocker	30 g	45 g

Anfangsring gilt für beide Größen (siehe Seite 170). Beginn mit F 1. Runden werden in die 1. Masche (halbes Stäbchen oder feste Masche) oder in die Anfangsluftmasche (bei von hinten eingestochenen halben Stäbchen) geschlossen (siehe Seite 177).

Fortan wird nun mit halben Stäbchen (siehe Seite 172) gearbeitet, die hier als „Maschen" bezeichnet werden. Alle anderen Maschenarten werden genau bezeichnet.

Arao für Größe M

Farbe	Runde	Beschreibung	Maschen in Runde
F 1	1.	in den **Anfangsring** 11 Maschen arbeiten	11
F 1	2.	jede Masche doppeln, also 2 Maschen in 1 Einstichstelle arbeiten	22
F 1	3.	2 Maschen einfach häkeln, 1 Masche doppeln	29
F 2	4.	3 Maschen einfach häkeln, 1 Masche doppeln	36
F 1	5.	4 Maschen einfach häkeln, 1 Masche doppeln	43
F 3	6.	5 Maschen einfach häkeln, 1 Masche doppeln	50
F 1	7.	7 Maschen einfach häkeln, 1 Masche doppeln	56
		Aufgepasst! Zur 8.–14. Runde: Die angegebenen Runden werden aufgrund der von hinten eingestochenen halben Stäbchen in der Anfangsluftmasche geschlossen.	
F 2	8.	von hinten eingestochene halbe Stäbchen (siehe Seite 173) häkeln	56
F 1	9.	von hinten eingestochene halbe Stäbchen häkeln	56
F 3	10.	von hinten eingestochene halbe Stäbchen häkeln	56
F 1	11.	von hinten eingestochene halbe Stäbchen häkeln	56
F 2	12.	von hinten eingestochene halbe Stäbchen häkeln	56
F 1	13.	von hinten eingestochene halbe Stäbchen häkeln	56
F 3	14.	von hinten eingestochene halbe Stäbchen häkeln	56
F 3	15.–17.	feste Maschen (siehe Seite 171) häkeln	56
F 1	18.	Abschlussrunde/Rückrunde (siehe Seite 178)	56
		Ende Größe M	

Arao für Größe L

Farbe	Runde	Beschreibung	Maschen in Runde
F 1+F 2+ F 3	1.–6.	siehe Größe M	11–50
F 1	7.	4 Maschen einfach häkeln, 1 Masche doppeln	60
		Aufgepasst! Zur 8.–14. Runde: Die angegebenen Runden werden aufgrund der von hinten eingestochenen halben Stäbchen in der Anfangsluftmasche geschlossen.	
F 2	8.	von hinten eingestochene halbe Stäbchen häkeln	60
F 1	9.	von hinten eingestochene halbe Stäbchen häkeln	60

F 3	10.	von hinten eingestochene halbe Stäbchen häkeln	60
F 1	11.	von hinten eingestochene halbe Stäbchen häkeln	60
F 2	12.	von hinten eingestochene halbe Stäbchen häkeln	60
F 1	13.	von hinten eingestochene halbe Stäbchen häkeln	60
F 3	14.	von hinten eingestochene halbe Stäbchen häkeln	60
F 3	15.–18.	feste Maschen häkeln	60
F 1	19.	Abschlussrunde/Rückrunde (siehe Seite 178)	60
		Ende Größe L	

Fertigstellung

Alle Fäden nach ca. 15 cm abschneiden und gut vernähen. Fertig!

Farbinspiration

F 1 135 Bordeaux
F 2 142 Rose
F 2 118 Cayenne

Chino

Längs- und Querstreifen – all in one!

Die Boshi „Chino" wird mit halben Stäbchen (siehe Seite 172) und von oben eingestochenen halben Stäbchen (siehe nächste Seite) in Runden gehäkelt. Durch die von oben eingestochenen halben Stäbchen bekommt die Boshi ihre Längsstreifen.

SKILLS

Maschenprobe
10 × 10 cm =
12 halbe Stäbchen × 9 Reihen

Nadeln
myboshi Häkelnadel 6,0 mm,
Stick-/Vernähnadel

Kopfumfang
Größe M   52–56 cm
Größe L   57–60 cm

Material
myboshi Wolle No. 5

Farbidee und Verbrauch

			No. 5
F1	555	Marine	15 g
F2	594	Titangrau	15 g
F3	535	Bordeaux	20 g
F4	593	Silber	20 g
F5	565	Pflaume	20 g

Von oben eingestochene halbe Stäbchen
1 Umschlag machen, die vordere Maschenschlinge auf die Häkelnadel nehmen, dazu jedoch von oben zwischen die beiden Maschenschlingen einstechen, den Faden durchholen und das halbe Stäbchen bilden.

Anfangsring gilt für beide Größen (siehe Seite 170). Beginn mit F 1. Runden werden geschlossen (siehe Seite 177).
Fortan wird nun mit halben Stäbchen (siehe Seite 172) gearbeitet, die hier als „Maschen" bezeichnet werden.

Chino für Größe M

Farbe	Runde	Beschreibung	Maschen in Runde
F 1	1.	in den **Anfangsring** 12 Maschen arbeiten	12
F 2	2.	jede Masche doppeln, also 2 Maschen in 1 Einstichstelle arbeiten	24
F 3	3.	2 Maschen einfach häkeln, 1 Masche doppeln	32
		Aufgepasst! Die von oben eingestochenen halben Stäbchen werden immer tiefgestochen und nur in die vordere Maschenschlinge gehäkelt. Die Masche der aktuellen Runde wird dafür ausgelassen. Von Runde zu Runde verschieben sich die von oben eingestochenen halben Stäbchen von ganz allein, sie liegen immer links nebeneinander.	
F 4	4.	(1 von oben eingestochenes halbes Stäbchen in die 2. Rd häkeln, 1 Masche einfach häkeln, 1 Masche doppeln, 1 Masche einfach häkeln) Klammer 7-mal wiederholen	40
F 5	5.	(1 von oben eingestochenes halbes Stäbchen in die 3. Rd häkeln, 1 Masche einfach häkeln, 1 Masche doppeln, 2 Maschen einfach häkeln) Klammer 7-mal wiederholen	48
F 1	6.	(1 von oben eingestochenes halbes Stäbchen in die 4. Rd häkeln, 2 Maschen einfach häkeln, 1 Masche doppeln, 2 Maschen einfach häkeln) Klammer 7-mal wiederholen	56
F 2	7.	(1 von oben eingestochenes halbes Stäbchen in die 5. Rd häkeln, 3 Maschen einfach häkeln, 1 Masche doppeln, 2 Maschen einfach häkeln, 1 von oben eingestochenes halbes Stäbchen in die 5. Rd häkeln, 6 Maschen einfach häkeln) Klammer 3-mal wiederholen	60
		Aufgepasst! Zur 8.–23. Runde: Die von oben eingestochenen halben Stäbchen werden immer 2 Runden tiefer nur in die vordere Maschenschlinge eingestochen.	
F 3+F 4+ F 5+F 1+ F 2	8.–23.	(1 von oben eingestochenes halbes Stäbchen in die 6. Rd häkeln, 7 Maschen einfach häkeln, 1 von oben eingestochenes halbes Stäbchen in die 6. Rd häkeln, 6 Maschen einfach häkeln) Klammer 3-mal wiederholen, F 1 + F 2 + F 3 + F 4 + F 5 wechseln sich nach jeder Runde ab	60
F 4	24.	Abschlussrunde/Rückrunde (siehe Seite 178)	60
		Ende Größe M	

Chino für Größe L

Farbe	Runde	Beschreibung	Maschen in Runde
F 1+F 2+ F 3+F 4+ F 5	1.–6.	siehe Größe M	12–56

F 2	7.	(1 von oben eingestochenes halbes Stäbchen in die 5. Rd häkeln, 3 Maschen einfach häkeln, 1 Masche doppeln, 2 Maschen einfach häkeln) Klammer 7-mal wiederholen	64
		Aufgepasst! Zur 8.–24. Runde: Die von oben eingestochenen halben Stäbchen werden immer 2 Runden tiefer nur in die vordere Maschenschlinge eingestochen.	
F 3+F 4+ F 5+F 1+ F 2	8.–24.	(1 von oben eingestochenes halbes Stäbchen in die 6. Rd häkeln, 7 Maschen einfach häkeln) Klammer 7-mal wiederholen, F 1 + F 2 + F 3 + F 4 + F 5 wechseln sich nach jeder Runde ab	64
F 5	25.	Abschlussrunde/Rückrunde (siehe Seite 178)	64
		Ende Größe L	

Fertigstellung

Alle Fäden nach ca. 15 cm abschneiden und gut vernähen. Fertig!

Farbinspiration

F 1 572 Ocker
F 2 593 Silber
F 3 520 Eisbonbon
F 4 591 Weiß
F 5 595 Anthrazit

F 1 511 Curry
F 2 593 Silber
F 3 552 Türkis
F 4 594 Titangrau
F 5 565 Pflaume

Ein wahres Maschenwunder!

Ebino

Die Boshi „Ebino" wird mit doppelten Stäbchen, Stäbchenbündeln mit doppelten Stäbchen (siehe nächste Seite), halben Stäbchen, einfachen Stäbchen, festen Maschen, Reliefstäbchen und von hinten eingestochenen halben Stäbchen in Runden gehäkelt (siehe Seite 173).

SKILLS

Maschenprobe
10 × 10 cm =
12 einfache Stäbchen × 5 Reihen

Nadeln
myboshi Häkelnadel 6,0 mm,
Stick-/Vernähnadel

Kopfumfang
Größe M   52–56 cm
Größe L   57–60 cm

Material
myboshi Wolle No. 1
oder No. 3

Farbidee und Verbrauch

		No. 1	No. 3
F1	194 Titangrau	145 g	220 g

Stäbchenbündel
Ein Stäbchenbündel besteht aus 1 doppelten Stäbchen, 1 Luftmasche und 1 doppelten Stäbchen. Bei diesem Modell wird 1 Stäbchenbündel immer um die 1 Luftmasche des Stäbchenbündels der Vorrunde gehäkelt.

Anfangsring gilt für beide Größen (siehe Seite 170). Beginn mit F 1. Runden werden in der 1. Masche (bei festen Maschen, halben Stäbchen, einfachen Stäbchen oder doppelten Stäbchen) oder in der Anfangsluftmasche (bei von hinten eingestochenen halben Stäbchen) oder in der 2. Anfangsluftmasche (bei Reliefstäbchen) geschlossen (siehe Seite 177).
Fortan wird nun mit einfachen Stäbchen (siehe Seite 172) gearbeitet, die hier als „Stäbchen" bezeichnet werden. Alle anderen Maschenarten werden genau bezeichnet.

Ebino für Größe M

Farbe	Runde	Beschreibung	Maschen in Runde
F 1	1.	in den **Anfangsring** (1 doppeltes Stäbchen (siehe Seite 172) + 1 Luftmasche arbeiten) Klammer 11-mal wiederholen	12
F 1	2.	(um die Luftmasche der Vorrunde 1 Stäbchenbündel häkeln) Klammer 11-mal wiederholen	12
F 1	3.	(um die Luftmasche des Stäbchenbündels und um das 2. doppelte Stäbchen des Stäbchenbündels der Vorrunde jeweils 2 doppelte Stäbchen häkeln) Klammer 11-mal wiederholen	48
F 1	4.	(11 halbe Stäbchen (siehe Seite 172) häkeln, 1 halbes Stäbchen doppeln, also 2 halbe Stäbchen in 1 Einstichstelle arbeiten) Klammer 2-mal wiederholen, 12 halbe Stäbchen einfach häkeln	51
F 1	5.	(2 Stäbchen einfach häkeln + 1 Luftmasche häkeln, 1 Einstichstelle auslassen) Klammer 16-mal wiederholen	51
F 1	6.	in jede Masche der Vorrunde 1 feste Masche (siehe Seite 171) häkeln	51
F 1	7.	5. Rd wiederholen	51
F 1	8.	in jede Masche der Vorrunde 1 halbes Stäbchen häkeln und das letzte halbe Stäbchen doppeln	52
F 1	9.	halbe Stäbchen häkeln	52
		Aufgepasst! Zur 9. Runde: Die 9. Runde wird in der Anfangsluftmasche geschlossen, da die 10. Runde mit einem von hinten eingestochenen halben Stäbchen beginnt.	
F 1	10.	(abwechselnd 2 von hinten eingestochene halbe Stäbchen (siehe Seite 173) und 2 Reliefstäbchen (siehe Seite 176) häkeln) Klammer 12-mal wiederholen	52
F 1	11	von hinten eingestochene halbe Stäbchen um die von hinten eingestochenen halben Stäbchen und Reliefstäbchen um Reliefstäbchen häkeln	52
F 1	12.	nun werden die Maschen versetzt, dazu (2 Reliefstäbchen um die von hinten eingestochenen halben Stäbchen und 2 von hinten eingestochene halbe Stäbchen um die Reliefstäbchen häkeln) Klammer 12-mal wiederholen	52
F 1	13.	Reliefstäbchen um Reliefstäbchen und von hinten eingestochene halbe Stäbchen um die von hinten eingestochenen halben Stäbchen häkeln	52
F 1	14.	halbe Stäbchen häkeln und die letzten beiden halben Stäbchen zusammen abmaschen (siehe Seite 178)	51
F 1	15.	5. Rd wiederholen	51

Farbe	Runde	Beschreibung	Maschen in Runde
F 1	16.	8. Rd wiederholen	52
		Aufgepasst! Zur 16. Runde: Die 16. Runde wird in der Anfangsluftmasche geschlossen, da die 17. Runde mit einem von hinten eingestochenen halben Stäbchen beginnt.	
F 1	17.–20.	10.–13. Rd wiederholen	52
F 1	21.	Abschlussrunde/Rückrunde (siehe Seite 178)	52
		Ende Größe M	

Ebino für Größe L

Farbe	Runde	Beschreibung	Maschen in Runde
F 1	1.–3.	siehe Größe M	12–48
F 1	4.	7 halbe Stäbchen häkeln, 1 halbes Stäbchen doppeln	54
F 1	5.	(2 Stäbchen einfach + 1 Luftmasche häkeln, 1 Einstichstelle auslassen) Klammer 17-mal wiederholen	54
F 1	6.	in jede Masche der Vorrunde 1 feste Masche häkeln	54
F 1	7.	5. Rd wiederholen	54
F 1	8.	26 halbe Stäbchen einfach häkeln, 1 Masche doppeln, dabei in jede Masche der Vorrunde einstechen	56
F 1	9.	halbe Stäbchen häkeln	56
		Aufgepasst! Zur 9. Runde: Die 9. Runde wird in der Anfangsluftmasche geschlossen, da die 10. Runde mit einem von hinten eingestochenen halben Stäbchen beginnt.	
F 1	10.	(abwechselnd 2 von hinten eingestochene halbe Stäbchen und 2 Reliefstäbchen häkeln) Klammer 13-mal wiederholen	56
F 1	11.	von hinten eingestochene halbe Stäbchen um die von hinten eingestochenen halben Stäbchen und Reliefstäbchen um Reliefstäbchen häkeln	56
F 1	12.	nun werden die Maschen versetzt, dazu (2 Reliefstäbchen um die von hinten eingestochenen halben Stäbchen und 2 von hinten eingestochene halbe Stäbchen um die Reliefstäbchen häkeln) Klammer 13-mal wiederholen	56
F 1	13.	Reliefstäbchen um Reliefstäbchen und von hinten eingestochene halbe Stäbchen um die von hinten eingestochenen halben Stäbchen häkeln	56
F 1	14.	immer 25 halbe Stäbchen einfach häkeln, 26. + 27. halbes Stäbchen zusammen abmaschen	54
		Aufgepasst! Zur 17. Runde: Die 17. Runde wird in der Anfangsluftmasche geschlossen, da die 18. Runde mit einem von hinten eingestochenen halben Stäbchen beginnt.	
F 1	15.–21.	7.–13. Rd 1-mal wiederholen	54–56
F 1	22.	Abschlussrunde/Rückrunde (siehe Seite 178)	56
		Ende Größe L	

Fertigstellung

Alle Fäden nach ca. 15 cm abschneiden und gut vernähen. Fertig!

Farbinspiration

F1   195 Anthrazit

F1   352 Türkis

Anderer Look
Lust zu kombinieren?

Gegensätze ziehen sich an: derbe Boots, Spitze und grober Strick.

Casual Mixed

Accessoires

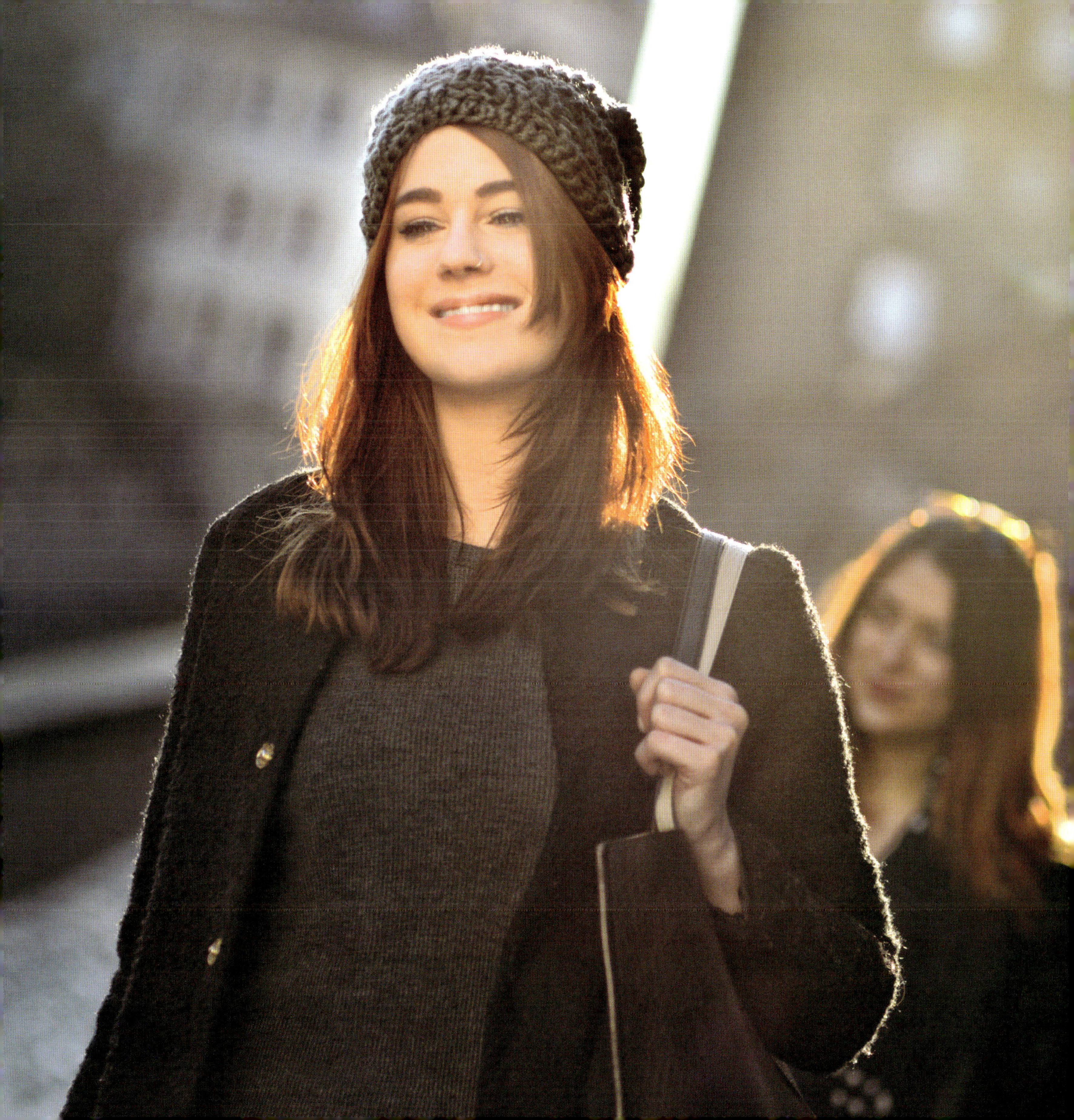

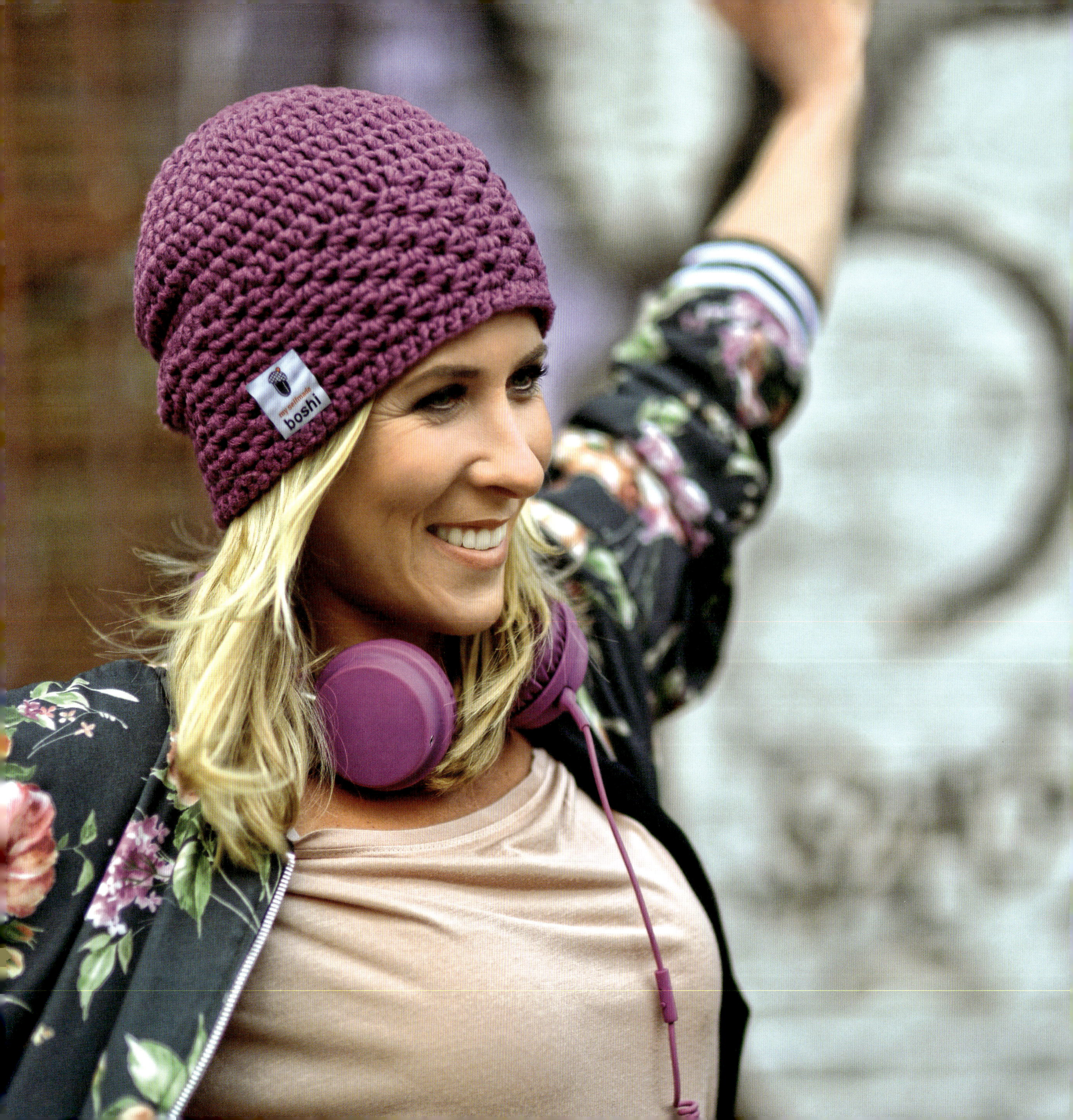
boshi

Fertig in ca. 3 h

Schlicht und smart!

Ena

Die Boshi „Ena" wird mit halben Stäbchen (siehe Seite 172) und im unteren Drittel mit einem Muster aus Maschenbündeln mit festen Maschen V 1 (siehe Seite 176) gehäkelt. Die Boshi häkelt man in der Schnecke (siehe Seite 170).

SKILLS

Maschenprobe
10 x 10 cm =
12 halbe Stäbchen × 8 Reihen

Nadeln
myboshi Häkelnadel 6,0 mm,
Stick-/Vernähnadel

Kopfumfang
Größe M   52–56 cm
Größe L   57–60 cm

Material
myboshi Wolle No. 1
oder No. 3

Farbidee und Verbrauch

Größe M		No. 1	No. 3
F 1	164 Brombeere	95 g	135 g

Größe L		No. 1	No. 3
F 1	164 Brombeere	110 g	165 g

Anfangsring gilt für beide Größen (siehe Seite 170). Beginn mit F 1. Runden werden in der Schnecke gehäkelt (siehe Seite 170).
Fortan wird nun mit halben Stäbchen (siehe Seite 172) gearbeitet, die hier als „Maschen" bezeichnet werden. Alle anderen Maschenarten werden genau bezeichnet.

Ena für Größe M

Farbe	Runde	Beschreibung	Maschen in Runde
F 1	1.	in den **Anfangsring** 11 Maschen arbeiten	11
F 1	2.	jede Masche doppeln, also 2 Maschen in 1 Einstichstelle arbeiten	22
F 1	3.	2 Maschen einfach häkeln, 1 Masche doppeln	29
F 1	4.	3 Maschen einfach häkeln, 1 Masche doppeln	36
F 1	5.	4 Maschen einfach häkeln, 1 Masche doppeln	43
F 1	6.	5 Maschen einfach häkeln, 1 Masche doppeln	50
F 1	7.	11 Maschen einfach häkeln, 1 Masche doppeln	54
F 1	8.–10.	jede Masche einfach häkeln	54
F 1	11.	8 Maschen einfach häkeln, 1 Masche doppeln	60
F 1	12.	(1 Maschenbündel V 1 (siehe Seite 176) häkeln, 2 Einstichstellen auslassen) Klammer 19-mal wiederholen	20
F 1	13.	vor das 1. Maschenbündel der Vorrunde 1 Maschenbündel V 1 häkeln, anschließend immer um die 3. feste Masche eines Maschenbündels der Vorrunde 1 Maschenbündel V 1 häkeln (dazu in das kleine Loch zwischen den Bündeln einstechen) – bis zum Ende der Runde Maschenbündel häkeln	20
F 1	14.–19.	immer um die 3. feste Masche eines Maschenbündels der Vorrunde 1 Maschenbündel V 1 häkeln	20
F 1	20.	Abschlussrunde/Rückrunde: In die entgegengesetzte Maschenrichtung in jede Masche 1 feste Masche häkeln. Dazu Boshi einfach mit der letzten auf der Nadel liegenden Schlinge um die eigene Achse drehen und häkeln.	60

Ende Größe M

Ena für Größe L

Farbe	Runde	Beschreibung	Maschen in Runde
F 1	1.	in den **Anfangsring** 11 Maschen arbeiten	11
F 1	2.	jede Masche doppeln, also 2 Maschen in 1 Einstichstelle arbeiten	22
F 1	3.	2 Maschen einfach häkeln, 1 Masche doppeln	29
F 1	4.	3 Maschen einfach häkeln, 1 Masche doppeln	36
F 1	5.	4 Maschen einfach häkeln, 1 Masche doppeln	43
F 1	6.	5 Maschen einfach häkeln, 1 Masche doppeln	50
F 1	7.	11 Maschen einfach häkeln, 1 Masche doppeln	54
F 1	8.	8 Maschen einfach häkeln, 1 Masche doppeln	60

F1	9.–11.	jede Masche einfach häkeln	60
F1	12.	9 Maschen einfach häkeln, 1 Masche doppeln	66
F1	13.	(1 Maschenbündel V 1 häkeln, 2 Einstichstellen auslassen) Klammer 21-mal wiederholen	22
F1	14.	vor das 1. Maschenbündel der Vorrunde 1 Maschenbündel V 1 häkeln, anschließend immer um die 3. feste Masche eines Maschenbündels der Vorrunde 1 Maschenbündel V 1 häkeln (dazu in das kleine Loch zwischen den Bündeln einstechen) – bis zum Ende der Runde Maschenbündel häkeln	22
F1	15.–20.	immer um die 3. feste Masche eines Maschenbündels der Vorrunde 1 Maschenbündel V 1 häkeln	22
F1	21.	Abschlussrunde/Rückrunde: In die entgegengesetzte Maschenrichtung in jede Masche 1 feste Masche häkeln. Dazu Boshi einfach mit der letzten auf der Nadel liegenden Schlinge um die eigene Achse drehen und häkeln	66
		Ende Größe L	

Fertigstellung

Die letzte Runde mit 1 Kettmasche in der nächsten Einstichstelle beenden. Alle Fäden nach ca. 15 cm abschneiden und gut vernähen. Fertig!

Tipp: Wer möchte, kann einen Bommel mit einem Durchmesser von ca. 6 cm herstellen und oben an der Boshi befestigen.

Farbinspiration

F1   392 Elfenbein

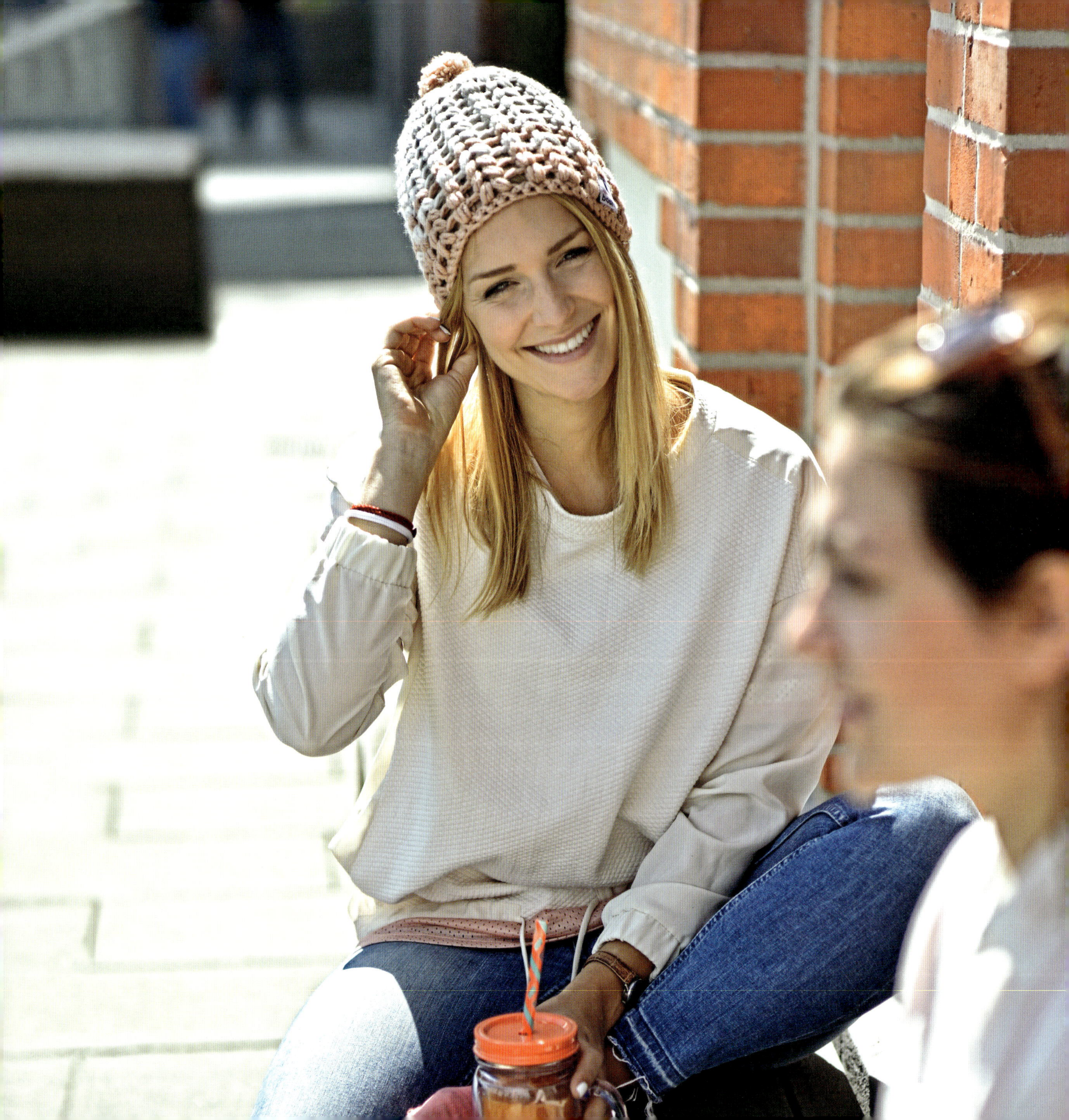

Fertig in ca. 2,5 h

Fussa

Flachnoppen total!

Die Boshi „Fussa" wird mit unterschiedlichen Flachnoppen V1 und V2 (siehe Seite 174) und am Ende mit festen Maschen (siehe Seite 171) gehäkelt. Die Farbe wechselt sich im unteren Drittel der Mütze ab.

SKILLS

Maschenprobe
10 × 10 cm =
6 Flachnoppen V1 × 7 Reihen

Nadeln
myboshi Häkelnadel 6,0 mm,
Stick-/Vernähnadel

Kopfumfang
Größe M   52–56 cm
Größe L   57–60 cm

Material
myboshi Wolle No. 1
oder No. 3

Farbidee und Verbrauch

		No. 1	No. 3
F1	192 Elfenbein	75 g	115 g
F2	136 Puder	40 g	60 g

Tipp: Solltest du fest häkeln, nimm eine Häkelnadel der Stärke 7,0 mm.

Anfangsring gilt für beide Größen (siehe Seite 170). Beginn mit F 1. Runden werden in der 1. Flachnoppe geschlossen (siehe Seite 177). Bei Flachnoppen anschließend 2 Luftmaschen und bei festen Maschen 1 Luftmasche häkeln.

Fussa für Größe M

Farbe	Runde	Beschreibung	Maschen in Runde
F 1	1.	in den **Anfangsring** 8 Flachnoppen V 1 häkeln	8 Flachnoppen V 1
F 1	2.	(um 1 Luftmasche 1 Flachnoppe V 2 und um die nächste Luftmasche 2 Flachnoppen V 1 häkeln) Klammer 3-mal wiederholen	4 Flachnoppen V 2/ 8 Flachnoppen V 1
F 1	3.	(um 1 Luftmasche 2 Flachnoppen V 1 und um die nächste Luftmasche 1 Flachnoppe V 2 häkeln) Klammer 5-mal wiederholen	12 Flachnoppen V 1/ 6 Flachnoppen V 2
F 1	4.	(um 1 Luftmasche 1 Flachnoppe V 2, um die nächste Luftmasche 2 Flachnoppen V 1 und um die 3. Luftmasche erneut 2 Flachnoppen V 1 häkeln) Klammer 5-mal wiederholen	6 Flachnoppen V 2/ 24 Flachnoppen V 1
F 1	5.	um 1 Luftmasche 2 Flachnoppen V 1 häkeln, die folgenden 9 Luftmaschen wie folgt aufteilen: (1 Luftmasche auslassen, 1 Flachnoppe V 2 häkeln, 1 Luftmasche auslassen, 2 Flachnoppen V 1, 1 Flachnoppe V 2 häkeln, 1 Luftmasche auslassen, 2 Flachnoppen V 1 häkeln, 1 Luftmasche auslassen, 1 Flachnoppe V 2 häkeln) 2 Flachnoppen V 1 häkeln, Klammer 1-mal wiederholen, 2 Flachnoppen V 1 häkeln, Klammer 1-mal wiederholen	18 Flachnoppen V 1/ 9 Flachnoppen V 2
		Aufgepasst! Zur 6.–15. Runde: Die Flachnoppen V 1 werden weiterhin um die Luftmasche einer Flachnoppe gehäkelt. Die Flachnoppen V 2 werden ab sofort immer in die Flachnoppe V 2 der Vorrunde und **nicht um die Luftmasche** gehäkelt.	
F 1	6.	(um 1 Luftmasche 2 Flachnoppen V 1 häkeln, 1 Luftmasche auslassen, in die Flachnoppe 1 Flachnoppe V 2 häkeln, 1 Luftmasche auslassen) Klammer 8-mal wiederholen	18 Flachnoppen V 1/ 9 Flachnoppen V 2
F 1	7.–10.	6. Rd wiederholen	18 Flachnoppen V 1/ 9 Flachnoppen V 2
F 2	11.	6. Rd wiederholen	18 Flachnoppen V 1/ 9 Flachnoppen V 2
F 1	12.	6. Rd wiederholen	18 Flachnoppen V 1/ 9 Flachnoppen V 2
F 2	13.–15.	6. Rd wiederholen	18 Flachnoppen V 1/ 9 Flachnoppen V 2
F 2	16.	Abschlussrunde/Rückrunde: In die entgegengesetzte Maschenrichtung in jede Flachnoppe und in jede Luftmasche 1 feste Masche (siehe Seite 171) häkeln. Dazu also Boshi einfach mit der letzten auf der Nadel liegenden Schlinge um die eigene Achse drehen und häkeln.	54
		Ende Größe M	

Fussa für Größe L

Farbe	Runde	Beschreibung	Maschen in Runde
F 1	1.	in den **Anfangsring** 9 Flachnoppen V 1 häkeln	9 Flachnoppen V 1
F 1	2.	(um 1 Luftmasche 2 Flachnoppen V 1 häkeln) Klammer 8-mal wiederholen	18 Flachnoppen V 1

F 1	3.	(um 1 Luftmasche 2 Flachnoppen V 1, um die nächste Luftmasche 2 Flachnoppen V 1 und um die 3. Luftmasche 1 Flachnoppe V 2 häkeln) Klammer 5-mal wiederholen	24 Flachnoppen V 1/ 6 Flachnoppen V 2
F 1	4.	(um 1 Luftmasche 2 Flachnoppen V 1 häkeln, 1 Luftmasche auslassen, um die nächste Luftmasche 1 Flachnoppe V 2 häkeln) Klammer 9-mal wiederholen	20 Flachnoppen V 1/ 10 Flachnoppen V 2
		Aufgepasst! Zur 5.–15. Runde: Die Flachnoppen V 1 werden weiterhin um die Luftmasche einer Flachnoppe gehäkelt. Die Flachnoppen V 2 werden ab sofort immer in die Flachnoppe V 2 der Vorrunde und **nicht um die Luftmasche** gehäkelt.	
F 1	5.	(um 1 Luftmasche 2 Flachnoppen V 1 häkeln, 1 Luftmasche auslassen, in die Flachnoppe 1 Flachnoppe V 2 häkeln, 1 Luftmasche auslassen) Klammer 9-mal wiederholen	20 Flachnoppen V 1/ 10 Flachnoppen V 2
F 1	6.–10.	5. Rd wiederholen	20 Flachnoppen V 1/ 10 Flachnoppen V 2
F 2	11.	5. Rd wiederholen	20 Flachnoppen V 1/ 10 Flachnoppen V 2
F 1	12.	5. Rd wiederholen	20 Flachnoppen V 1/ 10 Flachnoppen V 2
F 2	13.–15.	5. Rd wiederholen	20 Flachnoppen V 1/ 10 Flachnoppen V 2
F 2	16.	Abschlussrunde/Rückrunde: In die entgegengesetzte Maschenrichtung in jede Flachnoppe und in jede Luftmasche 1 feste Masche häkeln. Dazu Boshi einfach mit der letzten auf der Nadel liegenden Schlinge um die eigene Achse drehen und häkeln.	60

Ende Größe L

Fertigstellung

Alle Fäden nach ca. 15 cm abschneiden und gut vernähen. Fertig!

Farbinspiration

F 1 194 Titangrau
F 2 158 Meerblau

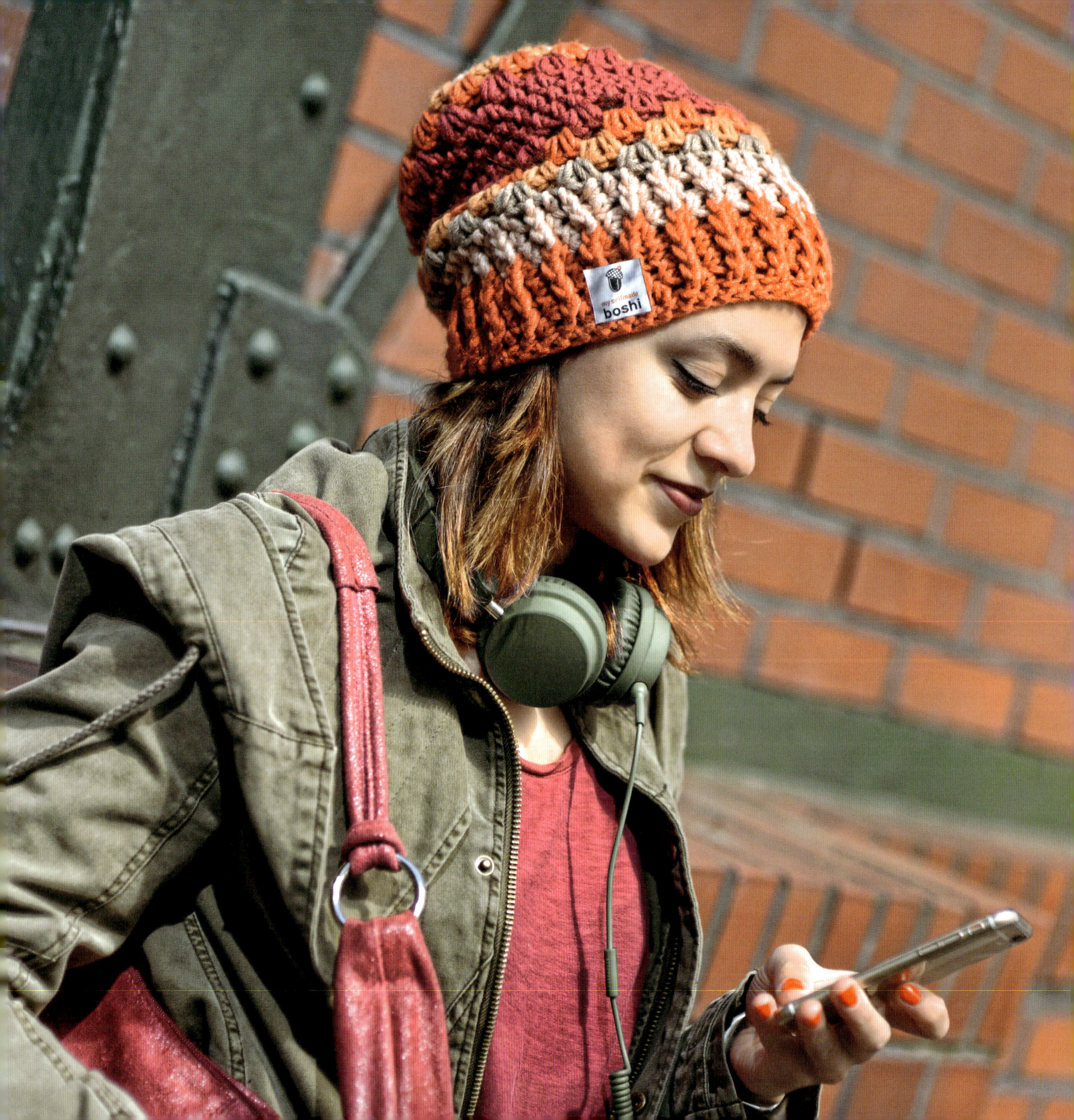
myselfmade
boshi

Goto

Fertig in ca. 3h

Retro-Style – mit unterschiedlichen Maschenarten!

Die Boshi „Goto" wird mit halben Stäbchen, Flachnoppen V1, Reliefstäbchen und festen Maschen in Runden gehäkelt (siehe Seite 166).

SKILLS

Maschenprobe
10 × 10 cm =
12 halbe Stäbchen × 8 Reihen

Nadeln
myboshi Häkelnadel 6,0 mm,
Stick-/Vernähnadel

Kopfumfang
Größe M 52–56 cm
Größe L 57–60 cm

Material
myboshi Wolle No. 1
oder No. 3

Farbidee und Verbrauch

			No. 1	No. 3
F1	172	Ocker	20 g	30 g
F2	136	Puder	35 g	60 g
F3	173	Karamell	20 g	30 g
F4	118	Cayenne	50 g	75 g
F5	135	Bordeaux	30 g	45 g

Anfangsring gilt für beide Größen (siehe Seite 170). Beginn mit F 1. Runden werden geschlossen (siehe Seite 177). Bei Flachnoppen V 1 anschließend 2 Luftmaschen, bei festen Maschen oder halben Stäbchen anschließend 1 Luftmasche häkeln.

Fortan wird nun mit halben Stäbchen (siehe Seite 172) gearbeitet, die hier als „Maschen" bezeichnet werden. Bei Flachnoppen wird V 1 verwendet und alle weiteren Maschenarten werden genau bezeichnet.

Goto für Größe M

Farbe	Runde	Beschreibung	Maschen in Runde
F 1	1.	in den **Anfangsring** 11 Maschen arbeiten	11
F 1	2.	jede Masche doppeln, also 2 Maschen in 1 Einstichstelle arbeiten	22
F 1	3.	2 Maschen einfach häkeln, 1 Masche doppeln	29
F 1	4.	4 Maschen einfach häkeln, 1 Masche doppeln	34
F 2	5.	(2 Flachnoppen (siehe Seite 174) in 1 Einstichstelle häkeln, 1 Einstichstelle auslassen) Klammer 16-mal wiederholen	34
F 3	6.	(2 Flachnoppen um 1 Luftmasche häkeln, 1 Luftmasche auslassen) Klammer 16-mal wiederholen	34
F 4	7.	6. Rd wiederholen	34
F 5	8.	6. Rd wiederholen	34
F 5	9.	(1 Masche in 1 Flachnoppe, 1 Masche in die Luftmasche, 1 Masche in die nächste Flachnoppe, 1 Luftmasche auslassen) Klammer 16-mal wiederholen	51
F 5	10. + 11.	jede Masche einfach häkeln	51
F 5	12.	(2 Flachnoppen in 1 Masche häkeln, 2 Einstichstellen auslassen) Klammer 16-mal wiederholen	34
F 4	13.	6. Rd wiederholen	34
F 3	14.	6. Rd wiederholen	34
F 1	15.	6. Rd wiederholen	34
F 2	16.	(1 Masche in 1 Flachnoppe, 1 Masche in die Luftmasche, 1 Masche in die nächste Flachnoppe, 1 Luftmasche auslassen) Klammer 15-mal wiederholen, 1 Masche in 1 Flachnoppe, 1 Masche in die Luftmasche, 1 Masche in 1 Flachnoppe, 1 Masche in die Luftmasche häkeln	52
		Aufgepasst! Zur 17.–22. Runde: In diesen Runden werden abwechselnd Reliefstäbchen und halbe Stäbchen gehäkelt. Damit die Reliefstäbchen gerade verlaufen, verändert sich die Einstichstelle des halben Stäbchens von Runde zu Runde. Geschlossen werden die Runden 17–21 immer in der Anfangsluftmasche.	
F 2	17.	abwechselnd 1 Reliefstäbchen (siehe Seite 176) und 1 Masche einfach häkeln	52
F 2	18.	(1 Reliefstäbchen häkeln, in die Maschenschlingen der zuvor umhäkelten Masche 1 Masche häkeln, 1 Einstichstelle auslassen) Klammer 25-mal wiederholen	52
F 4	19.	(1 Reliefstäbchen häkeln, 1 Masche in die nächste Einstichstelle häkeln, die Maschenschlingen der zuvor umhäkelten Masche werden in dieser Runde ausgelassen) Klammer 25-mal wiederholen	52
F 4	20.–22.	18. + 19. Rd abwechselnd wiederholen	52
		Aufgepasst! Die 22. Runde im 1. Reliefstäbchen mit 1 Kett- und 1 Luftmasche schließen.	
F 4	23.	Abschlussrunde/Rückrunde (siehe Seite 178)	52
		Ende Größe M	

Goto für Größe L

Farbe	Runde	Beschreibung	Maschen in Runde
F 1	1.–3.	siehe Größe M	11–29
F 1	4.	3 Maschen einfach häkeln, 1 Masche doppeln	36
F 2	5.	(2 Flachnoppen in 1 Einstichstelle häkeln, 1 Einstichstelle auslassen) Klammer 17-mal wiederholen	36
F 3	6.	(2 Flachnoppen um 1 Luftmasche häkeln, 1 Luftmasche auslassen) Klammer 17-mal wiederholen	36
F 4	7.	6. Rd wiederholen	36
F 5	8.	6. Rd wiederholen	36
F 5	9.	(1 Masche in 1 Flachnoppe häkeln, 1 Masche in die Luftmasche häkeln, 1 Masche in die nächste Flachnoppe häkeln, 1 Luftmasche auslassen) Klammer 17-mal wiederholen	54
F 5	10. + 11.	jede Masche einfach häkeln	54
F 5	12.	(2 Flachnoppen in 1 Masche häkeln, 2 Einstichstellen auslassen) Klammer 17-mal wiederholen	36
F 4	13.	6. Rd wiederholen	36
F 3	14.	6. Rd wiederholen	36
F 1	15.	6. Rd wiederholen	36
F 2	16.	9. Rd wiederholen	54
		Aufgepasst! Zur 17.–23. Runde: In diesen Runden werden abwechselnd Reliefstäbchen und halbe Stäbchen gehäkelt. Damit die Reliefstäbchen gerade verlaufen, verändert sich die Einstichstelle des halben Stäbchens von Runde zu Runde. Geschlossen werden die Runden 17–22 immer in der Anfangsluftmasche.	
F 2	17.	abwechselnd 1 Reliefstäbchen und 1 Masche einfach häkeln	54
F 2	18.	(1 Reliefstäbchen häkeln, 1 Masche in die Maschenschlingen der zuvor umhäkelten Masche häkeln, 1 Einstichstelle auslassen) Klammer 26-mal wiederholen	54
F 2	19.	(1 Reliefstäbchen häkeln, in die nächste Einstichstelle 1 Masche häkeln, die Maschenschlingen der zuvor umhäkelten Masche werden in dieser Runde ausgelassen) Klammer 26-mal wiederholen	54
F 4	20.–23.	18. + 19. Rd abwechselnd wiederholen	54
		Aufgepasst! Die 23. Runde im 1. Reliefstäbchen mit 1 Kett- und 1 Luftmasche schließen.	
F 4	24.	Abschlussrunde/Rückrunde (siehe Seite 178)	54
		Ende Größe L	

Fertigstellung

Alle Fäden nach ca. 15 cm abschneiden und gut vernähen. Fertig!

Farbinspiration

F1 395 Anthrazit
F2 357 Blaubeere
F3 356 Eisblau
F4 372 Ocker
F5 394 Titangrau

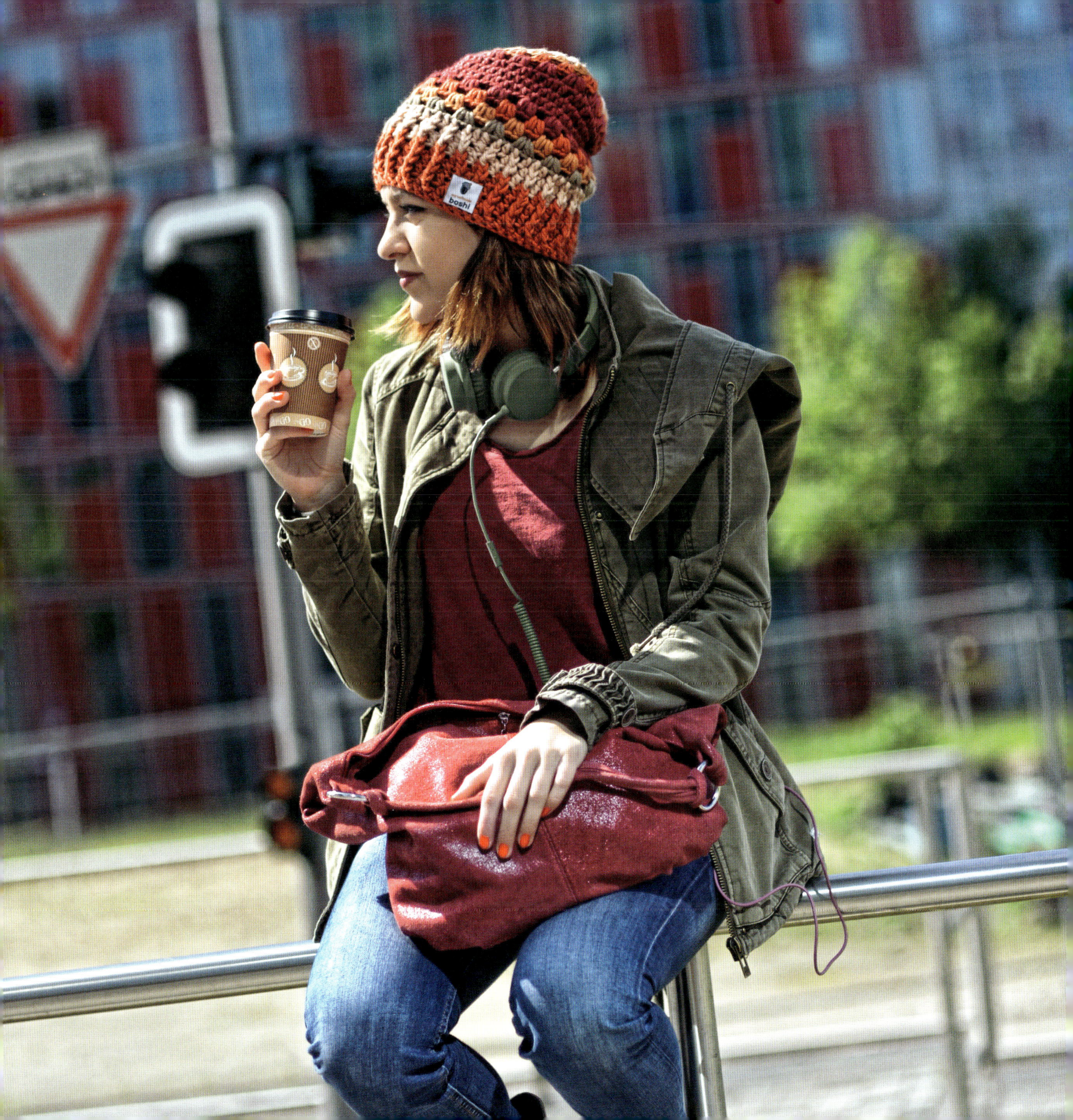
boshi

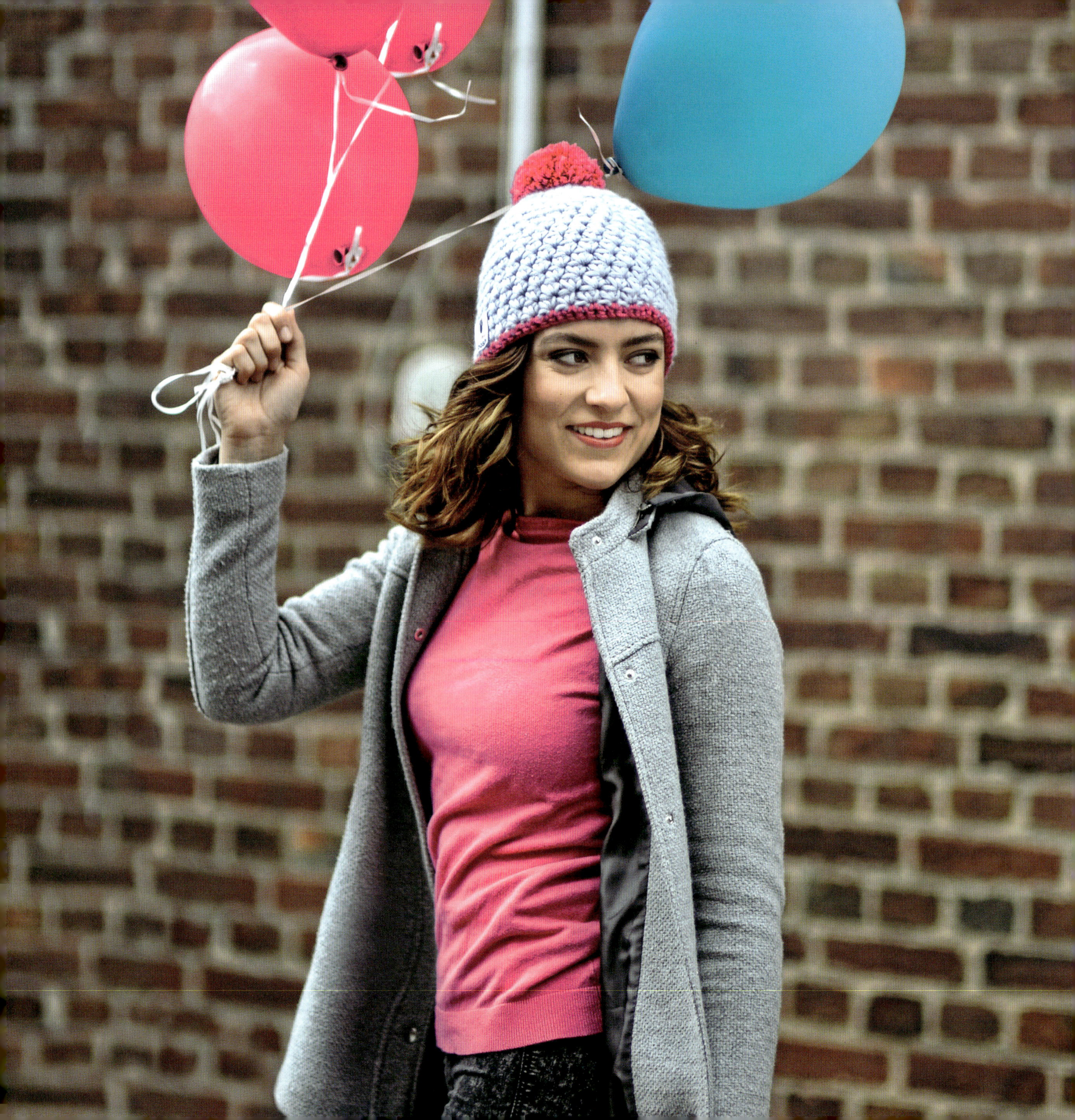

Fertig in ca. 3,5 h

Hekinan

Voll im Trend: Margeritenmuster!

Die Boshi „Hekinan" wird mit einfachen Stäbchen, festen Maschen und dem Margeritenmuster (Variante 1) in Runden gehäkelt. Anfangs werden die Runden geschlossen, später wird in der Schnecke weitergehäkelt (siehe Seite 166).

SKILLS

Maschenprobe
10 × 10 cm =
12 einfache Stäbchen × 5 Reihen

Nadeln
myboshi Häkelnadel 6,0 mm,
Stick-/Vernähnadel

Kopfumfang
Größe M 52–56 cm
Größe L 57–60 cm

Material
myboshi Wolle No. 1
oder No. 3

Farbidee und Verbrauch

		No 1	No 3
F 1	193 Silber	100 g	150 g
F 2	162 Magenta	10 g	15 g
Bommel in F 2		20 g	30 g

Tipp: Solltest du fest häkeln, nimm eine Häkelnadel der Stärke 7,0 mm.

Anfangsring gilt für beide Größen (siehe Seite 170). Beginn mit F 1. Runden werden geschlossen (siehe Seite 177). Bei einfachen Stäbchen anschließend 2 Luftmaschen, bei festen Maschen 1 Luftmasche häkeln. Die Angaben zum Rundenschluss des Margeritenmusters sind in der Erklärung zu finden (siehe Seite 174–175). Die Boshi wird ab der 5. Runde in der Schnecke gehäkelt (siehe Seite 175).

Fortan wird nun mit einfachen Stäbchen (siehe Seite 172) gearbeitet, die hier als „Stäbchen" bezeichnet werden. Alle anderen Maschenarten werden genau bezeichnet. Für dieses Modell wird das Margeritenmuster in Variante 1 (siehe Seite 174–175) verwendet.

Hekinan für Größe M

Farbe	Runde	Beschreibung	Maschen in Runde
F 1	1.	in den **Anfangsring** 11 Stäbchen arbeiten	11
F 1	2.	jedes Stäbchen doppeln, also 2 Stäbchen in 1 Einstichstelle arbeiten	22
F 1	3.	2 Stäbchen einfach häkeln, 1 Stäbchen doppeln	29
		Aufgepasst! Die 3. Runde wird in der 2. Anfangsluftmasche mit 1 Kettmasche (siehe Seite 169) geschlossen. Dann wird die **1. Variante des Margeritenmusters** verwendet.	
F 1	4.	1. Rd im Margeritenmuster häkeln	29
		Aufgepasst! Zur 5.–15. Runde: Ab sofort wird in der Schnecke gehäkelt und der Rundenschluss entfällt. Aus diesem Grund ergibt sich 1 Margerite pro Runde mehr.	
F 1	5.–15.	2. Rd im Margeritenmuster häkeln	30
		Aufgepasst! Zur 15. Runde: Das Margeritenmuster in der nächsten Einstichstelle mit 1 Kettmasche in F 1 beenden und 1 Luftmasche in F 2 häkeln.	
F 2	16.	Abschlussrunde/Rückrunde: In die entgegengesetzte Maschenrichtung jeweils in die 1. Schlinge und anschließend in die Luftmasche 1 feste Masche (siehe Seite 171) häkeln. Dazu die Boshi einfach mit der letzten auf der Nadel liegenden Schlinge um die eigene Achse drehen und häkeln.	60
		Ende Größe M	

Hekinan für Größe L

Farbe	Runde	Beschreibung	Maschen in Runde
F 1	1. + 2.	siehe Größe M	11–22
F 1	3.	2 Stäbchen einfach häkeln, 1 Stäbchen doppeln und das letzte Stäbchen doppeln	30
		Aufgepasst! Die 3. Runde wird in der 2. Anfangsluftmasche mit 1 Kettmasche geschlossen. Dann wird die **1. Variante des Margeritenmusters** verwendet.	
F 1	4.	1. Rd im Margeritenmuster häkeln	30
		Aufgepasst! Zur 5.–15. Runde: Ab sofort wird in der Schnecke gehäkelt und der Rundenschluss entfällt. Aus diesem Grund ergibt sich 1 Margerite pro Runde mehr.	
F 1	5.–15.	2. Rd im Margeritenmuster häkeln	31
		Aufgepasst! Zur 15. Runde: Das Margeritenmuster in der nächsten Einstichstelle mit 1 Kettmasche in F 1 beenden und 1 Luftmasche in F 2 häkeln.	

| F 2 | 16. | Abschlussrunde/Rückrunde: In die entgegengesetzte Maschenrichtung jeweils in die 1. Schlinge und anschließend in die Luftmasche 1 feste Masche häkeln. Dazu die Boshi einfach mit der letzten auf der Nadel liegenden Schlinge um die eigene Achse drehen und häkeln. | 62 |

Ende Größe L

Fertigstellung

Alle Fäden nach ca. 15 cm abschneiden und gut vernähen. Anschließend 1 Bommel mit ca. 8 cm Durchmesser mit F 2 herstellen und oben an der Boshi befestigen. Fertig!

Farbinspiration

F 1 194 Titangrau
F 2 111 Curry

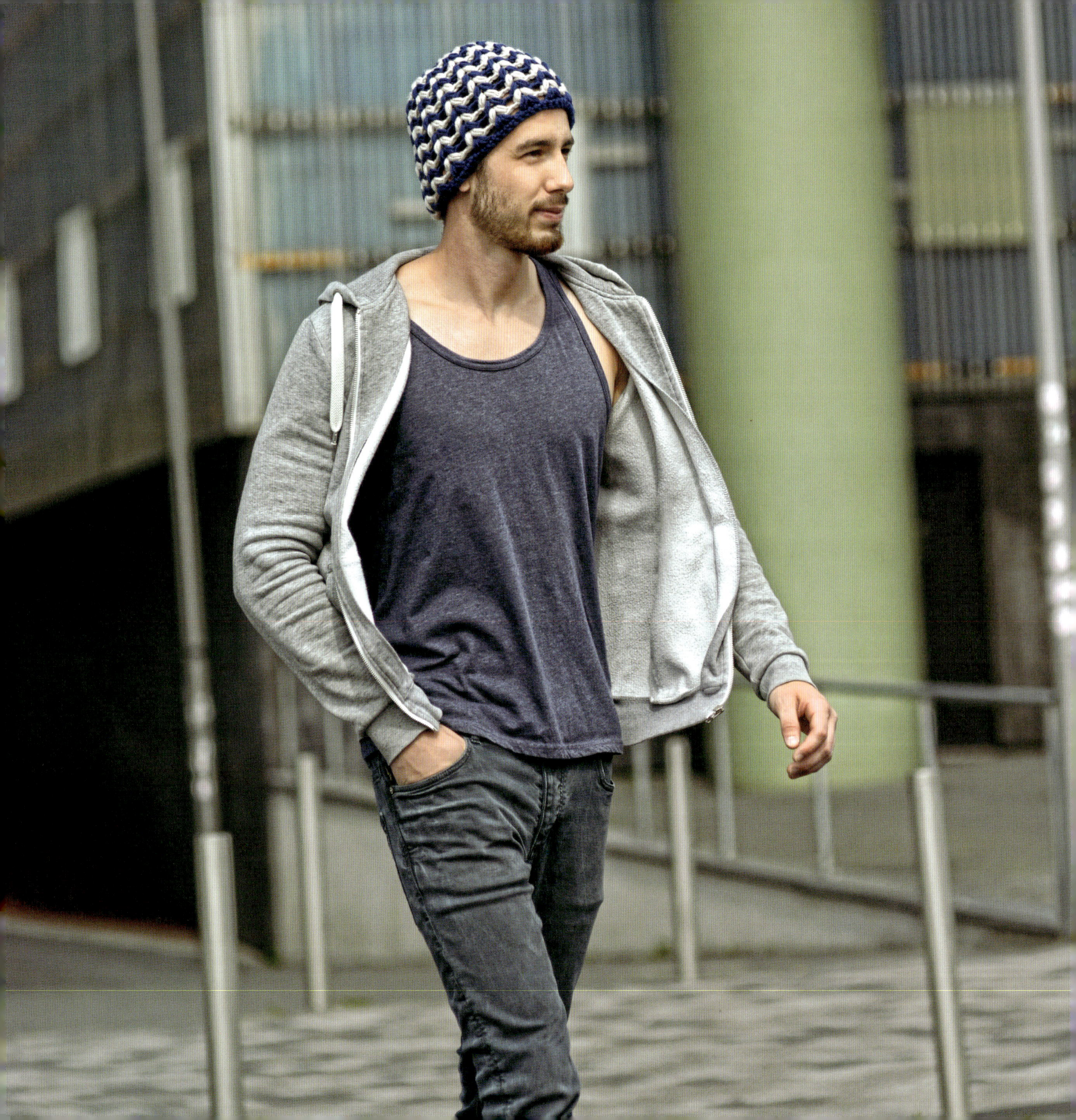

Fertig in ca. 2,5 h

Hitachi

Es lebe der Zickzack-Style!

Die Boshi „Hitachi" wird mit Flachnoppen V 1 (siehe Seite 174) und Luftmaschen in Runden gehäkelt. Die beiden Farben wechseln sich nach jeder Runde ab. Mit der Abschlussrunde kommen noch feste Maschen (siehe Seite 171) hinzu.

SKILLS

Maschenprobe
10 × 10 cm =
6 Flachnoppen V 1 × 7 Reihen

Nadeln
myboshi Häkelnadel 6,0 mm,
Stick-/Vernähnadel

Kopfumfang
Größe M   52–56 cm
Größe L   57–60 cm

Material
myboshi Wolle No. 1
oder No. 3

Farbidee und Verbrauch

Größe M		No. 1	No. 3
F 1	155 Marine	50 g	75 g
F 2	192 Elfenbein	50 g	75 g

Größe L		No. 1	No. 3
F 1	155 Marine	60 g	90 g
F 2	192 Elfenbein	50 g	75 g

Anfangsring gilt für beide Größen (siehe Seite 170). Beginn mit F 1. Runden werden immer mit 1 Kett- und 2 Luftmaschen in der 1. Flachnoppe geschlossen (siehe Seite 177).
Fortan wird mit Flachnoppen V 1 gearbeitet (siehe Seite 174).

Hitachi für Größe M

Farbe	Runde	Beschreibung	Maschen in Runde
F 1	1.	in den **Anfangsring** 8 Flachnoppen arbeiten	8
F 2	2.	um jede Luftmasche 2 Flachnoppen häkeln	16
F 1	3.	um jede Luftmasche 2 Flachnoppen häkeln, die letzte Luftmasche auslassen	30
F 2	4.	(um 1 Luftmasche 2 Flachnoppen häkeln, 1 Luftmasche auslassen) Klammer 14-mal wiederholen	30
F 1 + F 2	5.–14.	4. Rd wiederholen, F 1 + F 2 wechseln sich nach jeder Rd ab	30
		Aufgepasst! Die 14. Runde mit 1 Kett- und 1 Luftmasche in der 1. Flachnoppe schließen.	
F 1	15.	Abschlussrunde/Rückrunde: In die entgegengesetzte Maschenrichtung in jede Flachnoppe und in jede Luftmasche 1 feste Masche (siehe Seite 171) häkeln. Dabei Boshi einfach mit der letzten auf der Nadel liegenden Schlinge um die eigene Achse drehen und häkeln.	60
		Ende Größe M	

Hitachi für Größe L

Farbe	Runde	Beschreibung	Maschen in Runde
F 1	1.	in den **Anfangsring** 8 Flachnoppen arbeiten	8
F 2	2.	um jede Luftmasche 2 Flachnoppen häkeln	16
F 1	3.	um jede Luftmasche 2 Flachnoppen häkeln	32
F 2	4.	(um 1 Luftmasche 2 Flachnoppen häkeln, 1 Luftmasche auslassen) Klammer 15-mal wiederholen	32
F 1 + F 2	5.–15.	4. Rd wiederholen, F 1 + F 2 wechseln sich nach jeder Rd ab	32
		Aufgepasst! Die 15. Runde mit 1 Kett- und 1 Luftmasche in der 1. Flachnoppe schließen.	
F 1	16.	Abschlussrunde/Rückrunde: In die entgegengesetzte Maschenrichtung in jede Flachnoppe und in jede Luftmasche 1 feste Masche häkeln. Dabei Boshi einfach mit der letzten auf der Nadel liegenden Schlinge um die eigene Achse drehen und häkeln.	64
		Ende Größe L	

Fertigstellung

Alle Fäden nach ca. 15 cm abschneiden und gut vernähen. Fertig!

Farbinspiration

F1 111 Curry
F2 192 Elfenbein

F1 161 Candy Purpur
F2 191 Weiß

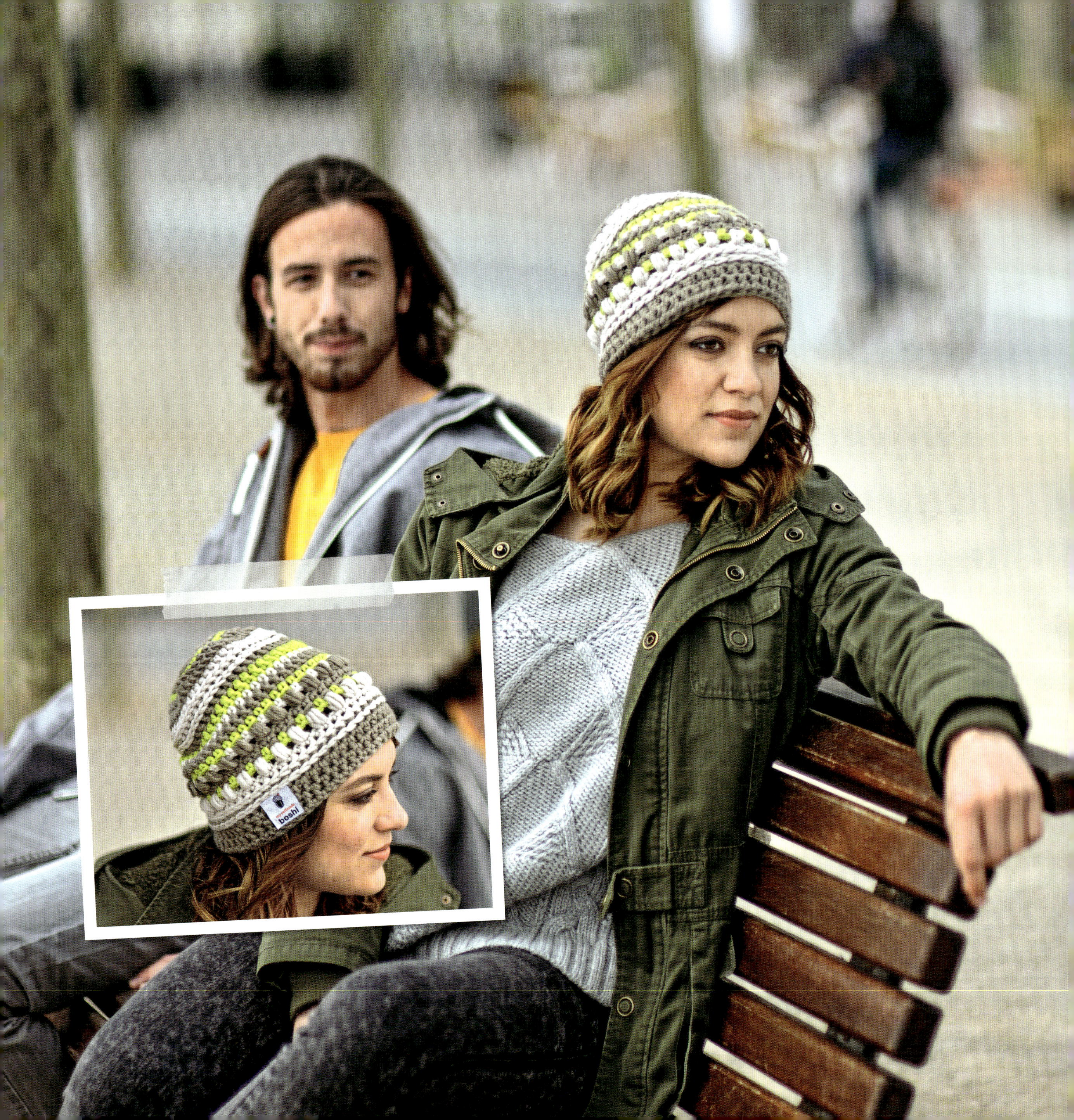
boshi

Fertig in ca. 3,5 h

Inuyama

Maschen und Farben satt!

Die Boshi „Inuyama" wird mit halben Stäbchen, festen Maschen, einfachen Stäbchen, Flachnoppen V1 und von hinten eingestochenen einfachen Stäbchen in der Runde gehäkelt (siehe Seite 166).

SKILLS

Maschenprobe
10 × 10 cm =
12 halbe Stäbchen × 8 Reihen

Nadeln
myboshi Häkelnadel 6,0 mm,
Stick-/Vernähnadel

Kopfumfang
Größe M   52–56 cm
Größe L   57–60 cm

Material
myboshi Wolle No. 1
oder No. 3

Farbidee und Verbrauch

			No. 1	No. 3
F1	175	Schlamm	80 g	120 g
F2	115	Avocado	20 g	30 g
F3	192	Elfenbein	40 g	60 g

Anfangsring gilt für beide Größen (siehe Seite 170). Beginn mit F 1. Runden werden in der 1. Masche (bei halben Stäbchen, festen Maschen, einfachen Stäbchen oder Flachnoppen) oder in der 2. Anfangsluftmasche (bei von hinten eingestochenen einfachen Stäbchen) geschlossen (siehe 177). Bei einfachen Stäbchen, von hinten eingestochenen einfachen Stäbchen und bei Flachnoppen anschließend 2 Luftmaschen, bei festen Maschen oder halben Stäbchen anschließend 1 Luftmasche häkeln.

Fortan wird nun mit einfachen Stäbchen (siehe Seite 172) gearbeitet, die hier als „Stäbchen" bezeichnet werden. Bei Flachnoppen wird V 1 verwendet und alle anderen Maschenarten werden genau bezeichnet.

Inuyama für Größe M

Farbe	Runde	Beschreibung	Maschen in Runde
F 1	1.	in den **Anfangsring** 11 halbe Stäbchen (siehe Seite 172) arbeiten	11
F 1	2.	jedes halbe Stäbchen doppeln, also 2 halbe Stäbchen in 1 Einstichstelle arbeiten	22
F 1	3.	2 halbe Stäbchen einfach häkeln, 1 halbes Stäbchen doppeln	29
F 2	4.	3 feste Maschen (siehe Seite 171) einfach häkeln, 1 feste Masche doppeln	36
F 1	5.	4 Stäbchen einfach häkeln, 1 Stäbchen doppeln	43
F 1	6.	5 Stäbchen einfach häkeln, 1 Stäbchen doppeln	50
F 3	7.	Stäbchen häkeln	50
F 3	8.	von hinten eingestochene einfache Stäbchen (siehe Seite 173) häkeln	50
F 1	9.	von hinten eingestochene einfache Stäbchen häkeln	50
F 2	10.	Stäbchen häkeln	50
F 3	11.	feste Maschen häkeln	50
F 1	12.	Stäbchen häkeln	50
F 2	13.	feste Maschen häkeln	50
F 3	14.	1 feste Masche + 2 Luftmaschen häkeln, 1 Einstichstelle auslassen	25
F 1	15.	1 Flachnoppe um die 2 Luftmaschen der Vorrunde häkeln	25
F 1	16.	jeweils in die Flachnoppen und in die Luftmaschen 1 feste Masche häkeln	50
F 2	17.	1 feste Masche + 2 Luftmaschen häkeln, 1 Einstichstelle auslassen	25
F 3	18.	1 Flachnoppe um die 2 Luftmaschen der Vorrunde häkeln	25
F 3	19.	jeweils in die Flachnoppen und in die Luftmaschen 1 feste Masche häkeln	50
F 3	20.	von hinten eingestochene einfache Stäbchen häkeln	50
F 1	21.	von hinten eingestochene einfache Stäbchen häkeln	50
F 1	22. + 23.	halbe Stäbchen häkeln	50
F 1	24.	Abschlussrunde/Rückrunde (siehe Seite 178)	50

Ende Größe M

Inuyama für Größe L

Farbe	Runde	Beschreibung	Maschen in Runde
F 1 + F 2	1.–6.	siehe Größe M	11–50
F 3	7.	11 Stäbchen einfach häkeln, 1 Stäbchen doppeln	54
F 3	8.	von hinten eingestochene einfache Stäbchen häkeln	54
F 1	9.	von hinten eingestochene einfache Stäbchen häkeln	54
F 2	10.	Stäbchen häkeln	54
F 3	11.	feste Maschen häkeln	54
F 1	12.	Stäbchen häkeln	54
F 2	13.	feste Maschen häkeln	54
F 3	14.	1 feste Masche + 2 Luftmaschen häkeln, 1 Einstichstelle auslassen	27
F 1	15.	1 Flachnoppe um die 2 Luftmaschen der Vorrunde häkeln	27
F 1	16.	jeweils in die Flachnoppen und in die Luftmaschen 1 feste Masche häkeln	54
F 2	17.	1 feste Masche + 2 Luftmaschen häkeln, 1 Einstichstelle auslassen	27
F 3	18.	1 Flachnoppe um die 2 Luftmaschen der Vorrunde häkeln	27
F 3	19.	jeweils in die Flachnoppen und in die Luftmaschen 1 feste Masche häkeln	54
F 3	20.	von hinten eingestochene einfache Stäbchen häkeln	54
F 1	21.	von hinten eingestochene einfache Stäbchen häkeln	54
F 1	22.–24.	halbe Stäbchen häkeln	54
F 1	25.	Abschlussrunde/Rückrunde (siehe Seite 178)	54
		Ende Größe L	

Fertigstellung

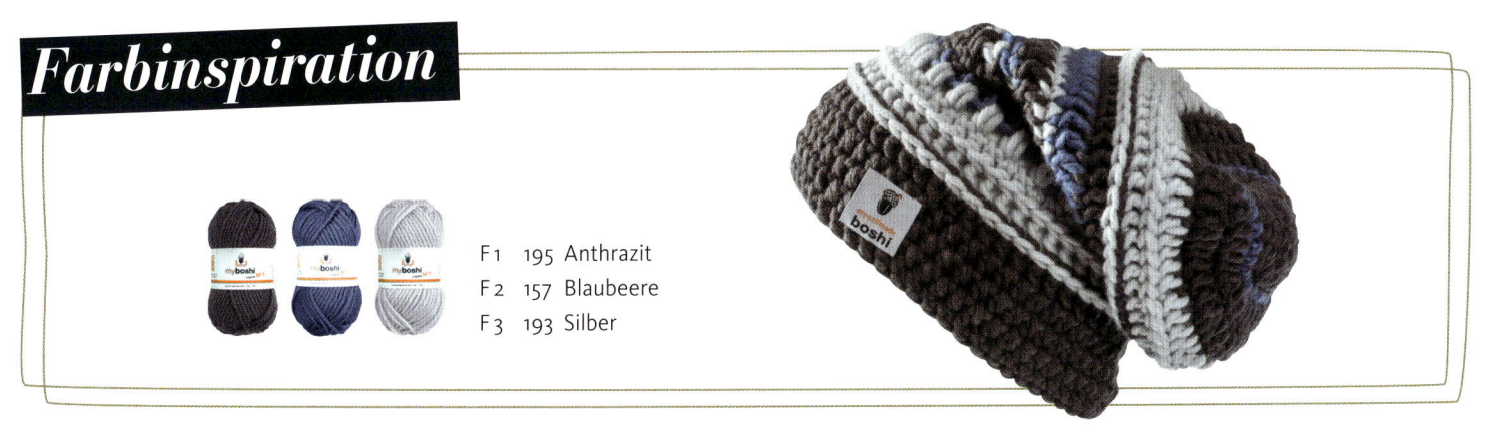

Alle Fäden nach ca. 15 cm abschneiden und gut vernähen. Fertig!

Farbinspiration

F 1   195   Anthrazit
F 2   157   Blaubeere
F 3   193   Silber

Andere Looks
Für Freizeit und Büro

Girls, jump to the next level! Jumpsuits sind in – und wir haben die passende Kopfbedeckung.

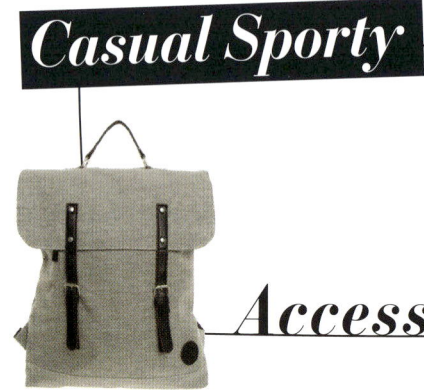

Casual Sporty

Accessoires

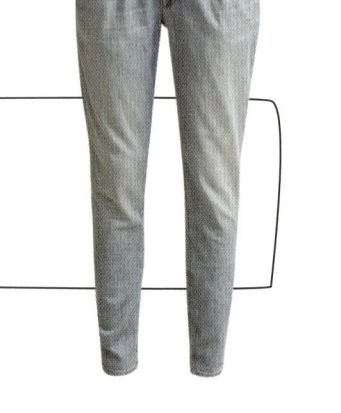

Boys will be boys! Lässiger Style im Büro: gar kein Problem!

Accessoires

Office

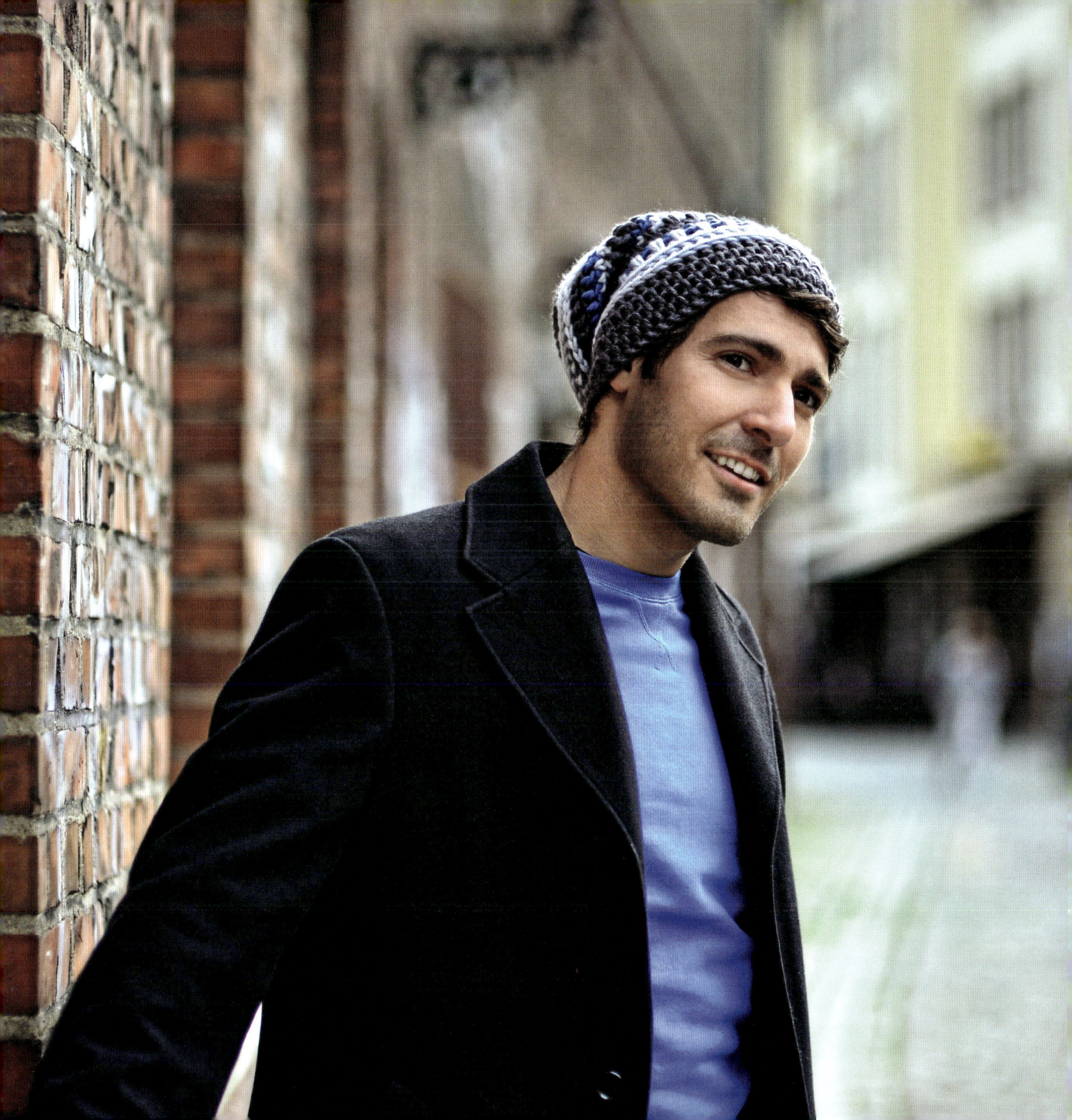

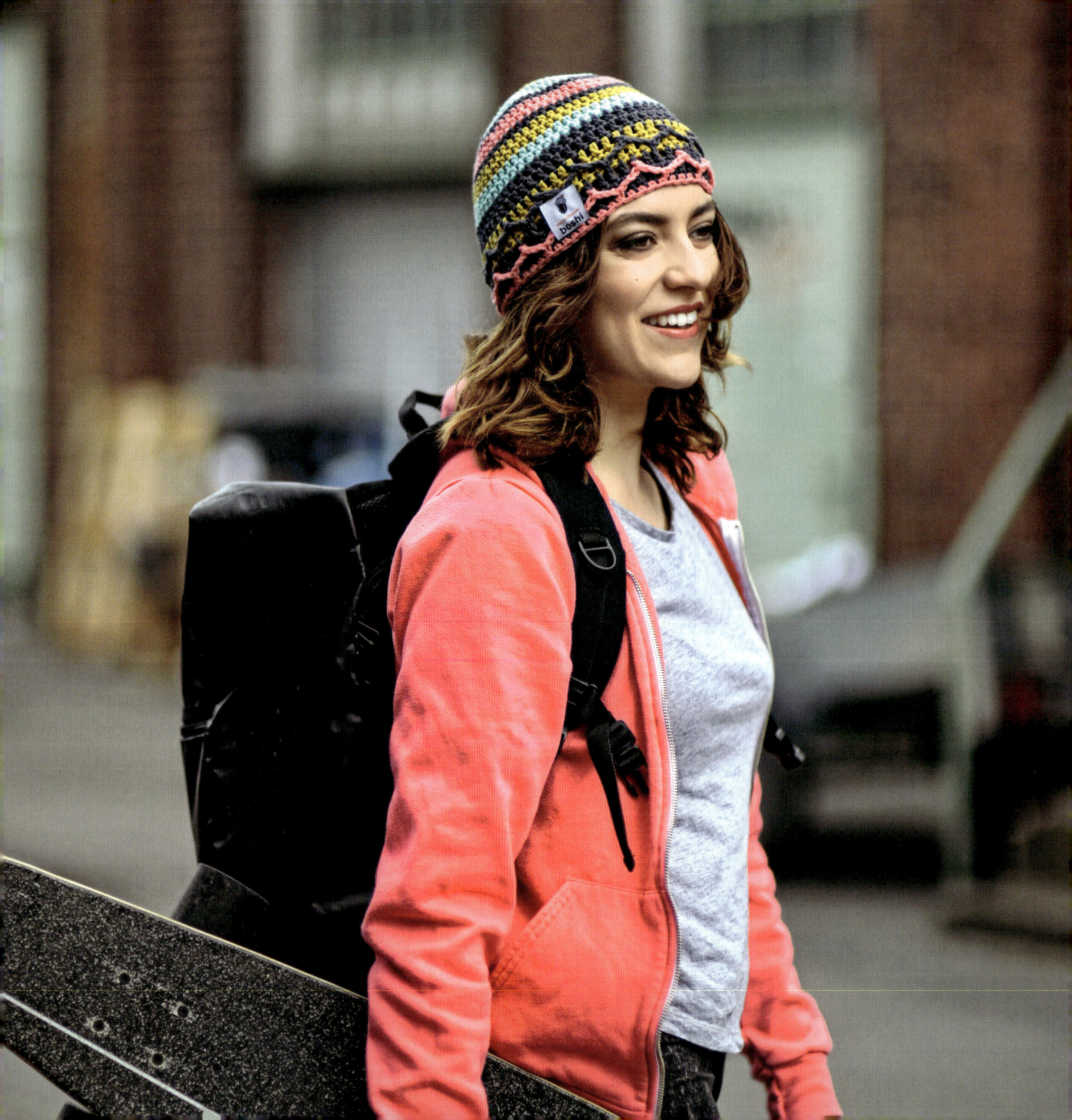
boshi

Fertig in ca. 3 h

Kashima

Die Abwechslung macht's!

Die Boshi „Kashima" wird mit halben Stäbchen (siehe Seite 172), einfachen Stäbchen (siehe Seite 172) und festen Maschen (siehe Seite 171) in Runden gehäkelt. Das Zickzackmuster im unteren Drittel besteht aus Luftmaschenketten und festen Maschen.

SKILLS

Maschenprobe
10 × 10 cm =
12 halbe Stäbchen × 9 Reihen

Nadeln
myboshi Häkelnadel 6,0 mm,
Stick-/Vernähnadel

Kopfumfang
Größe M 52–56 cm
Größe L 57–60 cm

Material
myboshi Wolle No. 5

Farbidee und Verbrauch

			No. 5
F1	595	Anthrazit	30 g
F2	511	Curry	20 g
F3	558	Meerblau	15 g
F4	539	Himbeere	20 g

Anfangsring gilt für beide Größen (siehe Seite 170). Beginn mit F 1. Runden werden geschlossen (siehe Seite 177). Bei einfachen Stäbchen anschließend 2 Luftmaschen, bei festen Maschen oder halben Stäbchen anschließend 1 Luftmasche häkeln.

Fortan wird nun mit halben Stäbchen (siehe Seite 172) gearbeitet, die hier als „Maschen" bezeichnet werden.

Kashima für Größe M

Farbe	Runde	Beschreibung	Maschen in Runde
F 1	1.	in den **Anfangsring** 12 Maschen arbeiten	12
F 1	2.	jede Masche doppeln, also 2 Maschen in 1 Einstichstelle arbeiten	24
F 2	3.	2 Maschen einfach häkeln, 1 Masche doppeln	32
F 2	4.	3 Maschen einfach häkeln, 1 Masche doppeln	40
F 3	5.	4 Maschen einfach häkeln, 1 Masche doppeln	48
F 3	6.	5 Maschen einfach häkeln, 1 Masche doppeln	56
F 1	7.	13 Maschen einfach häkeln, 1 Masche doppeln	60
F 4	8. + 9.	jede Masche einfach häkeln	60
F 1	10.	jede Masche einfach häkeln	60
F 2	11. + 12.	jede Masche einfach häkeln	60
F 3	13. + 14.	jede Masche einfach häkeln	60
F 1	15. + 16.	einfache Stäbchen (siehe Seite 172) häkeln	60
F 2	17. + 18.	einfache Stäbchen häkeln	60
F 1	19.	1 feste Masche (siehe Seite 171) in die 1. Masche + 3 Luftmaschen häkeln, 1 feste Masche um den Maschenkörper der 3. Masche der 17. Runde + 3 Luftmaschen häkeln, 4 Einstichstellen dieser Runde auslassen und 1 feste Masche in die 5. Einstichstelle häkeln, (3 Luftmaschen häkeln, 1 feste Masche um den Maschenkörper der 7. Masche der 17. Runde häkeln, 3 Luftmaschen häkeln, 4 Einstichstellen auslassen und 1 feste Masche in die 9. Einstichstelle häkeln) Klammer 12-mal wiederholen, 3 Luftmaschen häkeln, 1 feste Masche um den Maschenkörper der 59. Masche der 17. Runde häkeln, 3 Luftmaschen häkeln	30 feste Maschen
		Aufgepasst! Zur 19. Runde: Zwischen den festen Maschen um die Maschenkörper und den festen Maschen, die in dieser Runde in die Maschenschlingen gehäkelt werden, also im Bereich der Zacken, bleiben immer 3 Maschen frei.	
F 1	20.	einfache Stäbchen in die Maschen der 18. Runde häkeln, auch in die Einstichstellen, wo sich schon 1 feste Masche der 19. Runde befindet, einstechen und 1 einfaches Stäbchen bilden	60
		Tipp zur 20. Runde: Die feste Masche in der Einstichstelle etwas nach rechts schieben, links davon einstechen und das einfache Stäbchen bilden.	
F 1	21.	einfache Stäbchen häkeln	60
F 4	22.	19. Runde wiederholen, die festen Maschen werden dabei in die 20. + 22. Runde gehäkelt	30 feste Maschen
F 4	23.	Abschlussrunde/Rückrunde: In die entgegengesetzte Maschenrichtung feste Maschen häkeln. Dazu Boshi einfach mit der letzten auf der Nadel liegenden Schlinge um die eigene Achse drehen und häkeln. Auch in die Maschen einstechen, in denen sich bereits 1 feste Masche der 22. Runde befindet, und 1 feste Masche häkeln.	60
		Ende Größe M	

Kashima für Größe L

Farbe	Runde	Beschreibung	Maschen in Runde
F1+F2+F3	1.–6.	siehe Größe M	12–56
F1	7.	6 Maschen einfach häkeln, 1 Masche doppeln	64
F4+F1+F2+F3	8.–14.	jede Masche einfach häkeln, Farbfolge siehe Größe M	64
F1	15. + 16.	einfache Stäbchen häkeln	64
F2	17. + 18.	einfache Stäbchen häkeln	64
F1	19.	1 feste Masche in die 1. Masche + 3 Luftmaschen häkeln, 1 feste Masche um den Maschenkörper der 3. Masche der 17. Runde + 3 Luftmaschen häkeln, 4 Einstichstellen dieser Rd auslassen und 1 feste Masche in die 5. Einstichstelle häkeln, (3 Luftmaschen häkeln, 1 feste Masche um den Maschenkörper der 7. Masche der 17. Runde häkeln, 3 Luftmaschen häkeln, 4 Einstichstellen auslassen und 1 feste Masche in die 9. Einstichstelle häkeln) Klammer 13-mal wiederholen, 3 Luftmaschen häkeln, 1 feste Masche um den Maschenkörper der 63. Masche der 17. Runde häkeln, 3 Luftmaschen häkeln	32 feste Maschen
		Aufgepasst! Zur 19. Runde: Zwischen den festen Maschen um die Maschenkörper und den festen Maschen, die in dieser Runde in die Maschenschlingen gehäkelt werden, also im Bereich der Zacken, bleiben immer 3 Maschen frei.	
F1	20.	einfache Stäbchen in die Maschen der 18. Runde häkeln, auch in die Einstichstellen, wo sich schon 1 feste Masche der 19. Runde befindet, einstechen und 1 einfaches Stäbchen bilden	64
		Tipp zur 20. Runde: Die feste Masche in der Einstichstelle etwas nach rechts schieben, links davon einstechen und das einfache Stäbchen bilden.	
F1	21.	einfache Stäbchen häkeln	64
F4	22.	19. Runde wiederholen, die festen Maschen werden dabei in die 20. + 22. Runde gehäkelt	32 feste Maschen
F4	23.	20. Runde wiederholen	64
F4	24.	Abschlussrunde/Rückrunde (siehe Seite 178)	64
		Ende Größe L	

Fertigstellung

Alle Fäden nach ca. 15 cm abschneiden und gut vernähen. Fertig!

Farbinspiration

F1 594 Titangrau
F2 554 Petrol
F3 593 Silber
F4 596 Schwarz

F1 594 Titangrau
F2 515 Avocado
F3 561 Candy Purpur
F4 563 Violett

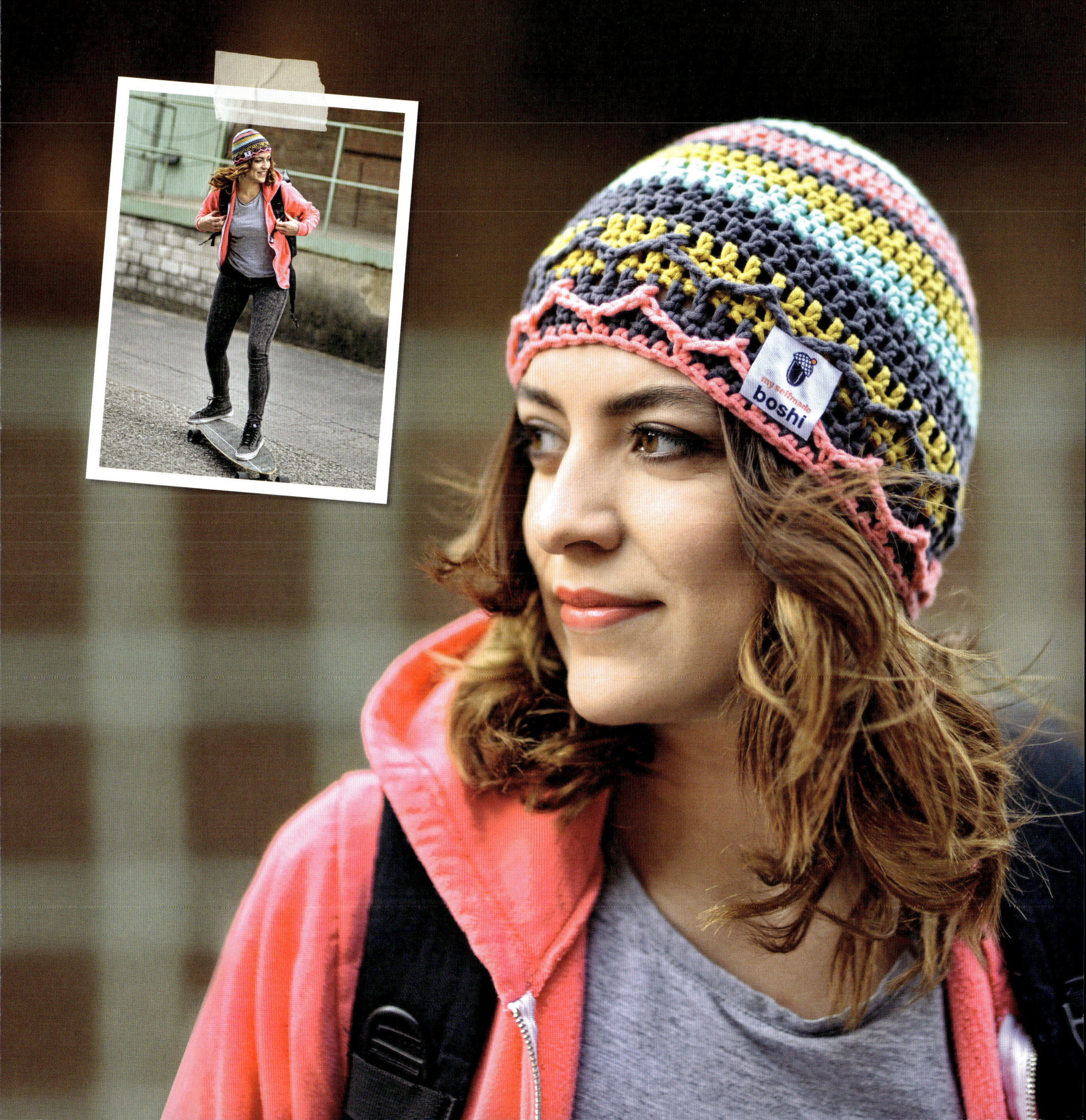
my selfmade
boshi

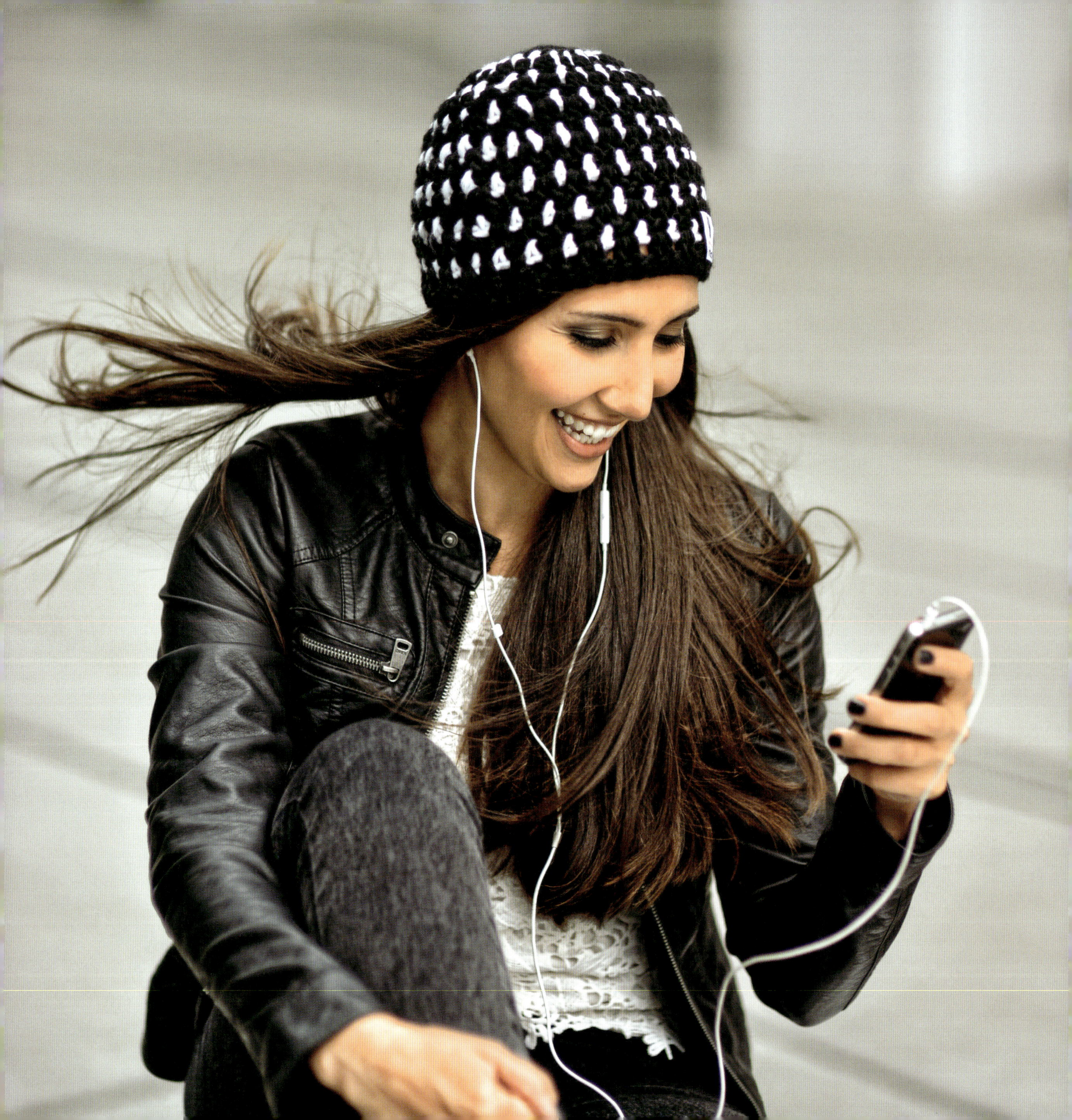

Fertig in ca. **4,5 h**

Omachi

Punkte über Punkte!

Die Boshi „Omachi" wird mit halben Stäbchen, einfachen Stäbchen, festen Maschen und Maschenbündeln aus einfachen Stäbchen V 4 gehäkelt (siehe Seite 166).

SKILLS

Maschenprobe
10 × 10 cm =
12 halbe Stäbchen × 8 Reihen

Nadeln
myboshi Häkelnadel 6,0 mm,
Stick-/Vernähnadel

Kopfumfang
Größe M 52–56 cm
Größe L 57–60 cm

Material
myboshi Wolle No. 1
oder No. 3

Farbidee und Verbrauch

		No. 1	No. 3
F 1	196 Schwarz	65 g	100 g
F 2	191 Weiß	25 g	40 g

Tipp: Solltest du fest häkeln, nimm eine Häkelnadel der Stärke 7,0 oder 8,0 mm.

Anfangsring gilt für beide Größen (siehe Seite 170). Beginn mit F 1. Runden werden geschlossen (siehe Seite 177). **Aufgepasst!** Beim **Rundenschluss der Maschenbündel** ab der 4. Runde immer von hinten in die Luftmasche stechen und die Kettmasche und die Luftmasche mit der neuen Farbe bilden.

Bei diesem Modell wird 1 Maschenbündel um die Luftmasche zwischen den festen Maschen der Vorrunde gehäkelt.

Omachi für Größe M

Farbe	Runde	Beschreibung	Maschen in Runde
F 1	1.	in den **Anfangsring** 12 halbe Stäbchen (siehe Seite 172) arbeiten	12
F 1	2.	jedes einfache Stäbchen (siehe Seite 172) doppeln, also 2 einfache Stäbchen in 1 Einstichstelle arbeiten	24
F 2	3.	vor und nach jedem einfachen Stäbchen der Vorrunde 1 feste Masche (siehe Seite 171) + 1 Luftmasche häkeln	24
		Aufgepasst! Zur 4.–16. Runde: Ab der 4. Runde werden die Runden mit Maschenbündeln in F 1 immer entgegengesetzt zur sonstigen Häkelrichtung gearbeitet. Dazu die Boshi in diesen Runden immer auf die andere Maschenseite drehen und häkeln. Am Ende dieser Runden immer von hinten in die Luftmasche einstechen und mit Kett- und Luftmasche schließen.	
F 1	4.	abwechselnd in die entgegengesetzte Häkelrichtung um eine Luftmasche der Vorrunde 1 Maschenbündel V 4 (siehe Seite 176) und um die nächste Luftmasche der Vorrunde 1 einfaches Stäbchen häkeln	12 Maschenbündel/ 12 Stäbchen
F 2	5.	abwechselnd 1 feste Masche + 1 Luftmasche vor die einfachen Stäbchen und 1 feste Masche + 1 Luftmasche zwischen die beiden Stäbchen des Maschenbündels häkeln	24 feste Maschen
F 1	6.	in die entgegengesetzte Häkelrichtung um jede Luftmasche 1 Maschenbündel V 4 häkeln, die Runde in der 2. Anfangsluftmasche schließen	24
F 2	7.	in der gleichen Einstichstelle wie die Kett- und Luftmasche beginnen und 1 feste Masche + 1 Luftmasche häkeln, anschließend immer zwischen die beiden Stäbchen eines Maschenbündels 1 feste Masche + 1 Luftmasche häkeln	25
F 1	8.	in die entgegengesetzte Häkelrichtung um jede Luftmasche 1 Maschenbündel V 4 häkeln, das letzte Maschenbündel doppeln	26
F 2	9.	zwischen die beiden Stäbchen eines Maschenbündels 1 feste Masche + 1 Luftmasche häkeln	26
F 1	10.	in die entgegengesetzte Häkelrichtung um jede Luftmasche 1 Maschenbündel V 4 häkeln	26
F 2 + F 1	11.–16.	9. + 10. Rd 3-mal wiederholen	26
F 1	17.	Abschlussrunde/Rückrunde (siehe Seite 178)	52
		Ende Größe M	

Omachi für Größe L

Farbe	Runde	Beschreibung	Maschen in Runde
F 1	1.	in den **Anfangsring** 13 halbe Stäbchen arbeiten	13
F 1	2.	jedes einfache Stäbchen doppeln, also 2 einfache Stäbchen in 1 Einstichstelle arbeiten	26
F 2	3.	vor und nach jedem einfachen Stäbchen der Vorrunde 1 feste Masche + 1 Luftmasche häkeln	26

Aufgepasst! Zur 4.–18. Runde: Ab der 4. Runde werden die Runden mit Maschenbündeln in F 1 immer entgegengesetzt zur sonstigen Häkelrichtung gearbeitet. Dazu die Boshi in diesen Runden immer auf die andere Maschenseite drehen und häkeln. Am Ende dieser Runden immer von hinten in die Luftmasche einstechen und mit Kett- und Luftmasche schließen.

F 1	4.	abwechselnd in die entgegengesetzte Häkelrichtung um eine Luftmasche der Vorrunde 1 Maschenbündel V 4 und um die nächste Luftmasche der Vorrunde 1 einfaches Stäbchen häkeln	13 Maschenbündel/ 13 Stäbchen
F 2	5.	abwechselnd 1 feste Masche + 1 Luftmasche vor die einfachen Stäbchen und 1 feste Masche + 1 Luftmasche zwischen die beiden Stäbchen des Maschenbündels häkeln	26 feste Maschen
F 1	6.	in die entgegengesetzte Häkelrichtung um jede Luftmasche 1 Maschenbündel V 4 häkeln, die Runde in der 2. Anfangsluftmasche schließen	26
F 2	7.	in der gleichen Einstichstelle wie die Kett- und Luftmasche beginnen und 1 feste Masche + 1 Luftmasche häkeln, anschließend immer zwischen die beiden Stäbchen eines Maschenbündels 1 feste Masche + 1 Luftmasche häkeln	27
F 1	8.	in die entgegengesetzte Häkelrichtung um jede Luftmasche 1 Maschenbündel V 4 häkeln, das letzte Maschenbündel V 4 doppeln	28
F 2	9.	zwischen die beiden Stäbchen eines Maschenbündels 1 feste Masche + 1 Luftmasche häkeln	28
F 1	10.	in die entgegengesetzte Häkelrichtung um jede Luftmasche 1 Maschenbündel V 4 häkeln	28
F 2 + F 1	11.–18.	9. + 10. Rd 4-mal wiederholen	28
F 1	19.	Abschlussrunde/Rückrunde (siehe Seite 178)	56

Ende Größe L

Fertigstellung

Alle Fäden nach ca. 15 cm abschneiden und gut vernähen. Fertig!

Farbinspiration

F 1   355   Marine
F 2   373   Karamell

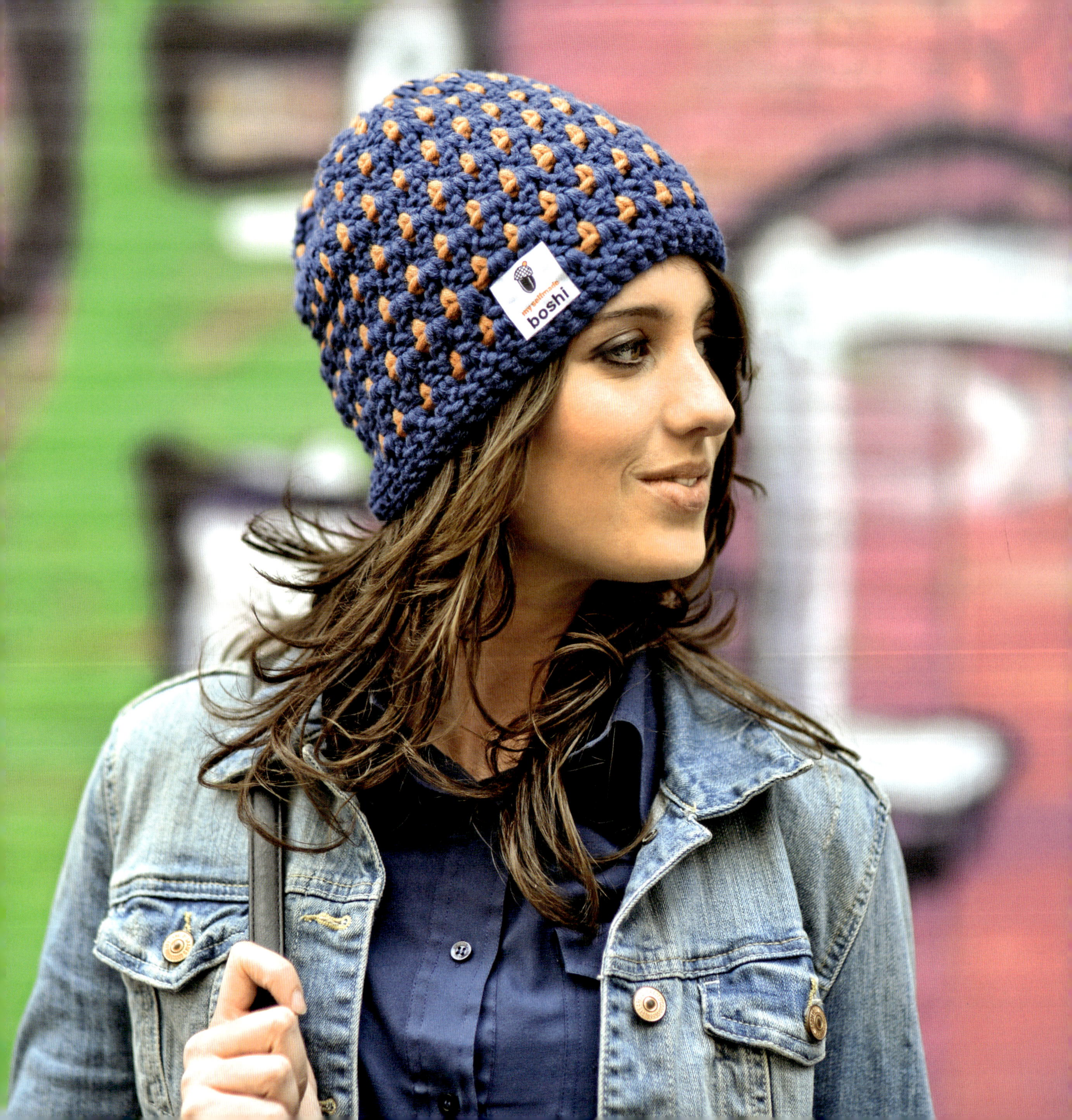
myselfmade
boshi

Anderer Look

Frech, smart, elegant ...

Lederrock, bequemer Pulli und schwarze Lackschuhe – was für ein cooler Trendlook! Und die Boshi krönt diese außergewöhnliche, flexible Kombination.

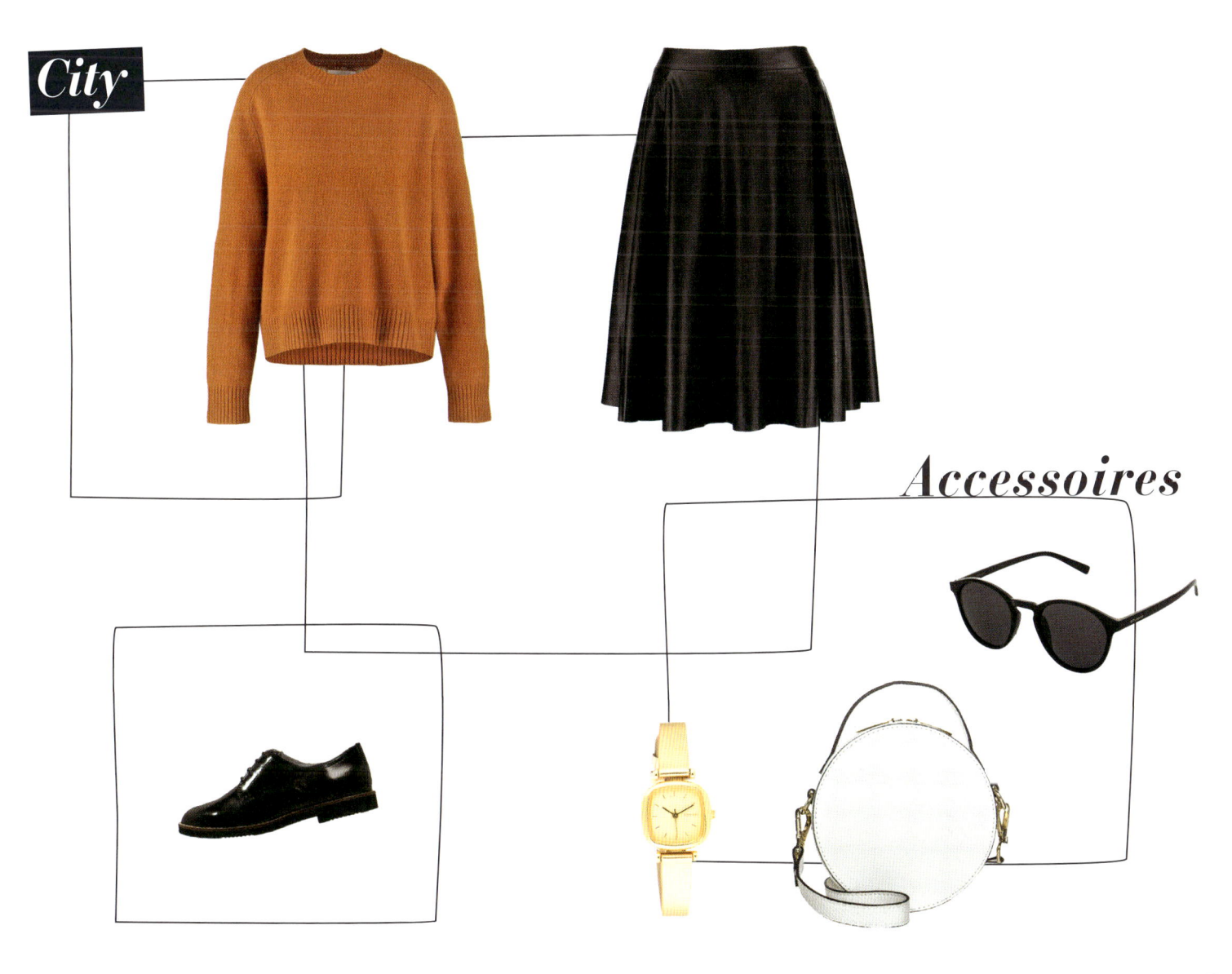

City

Accessoires

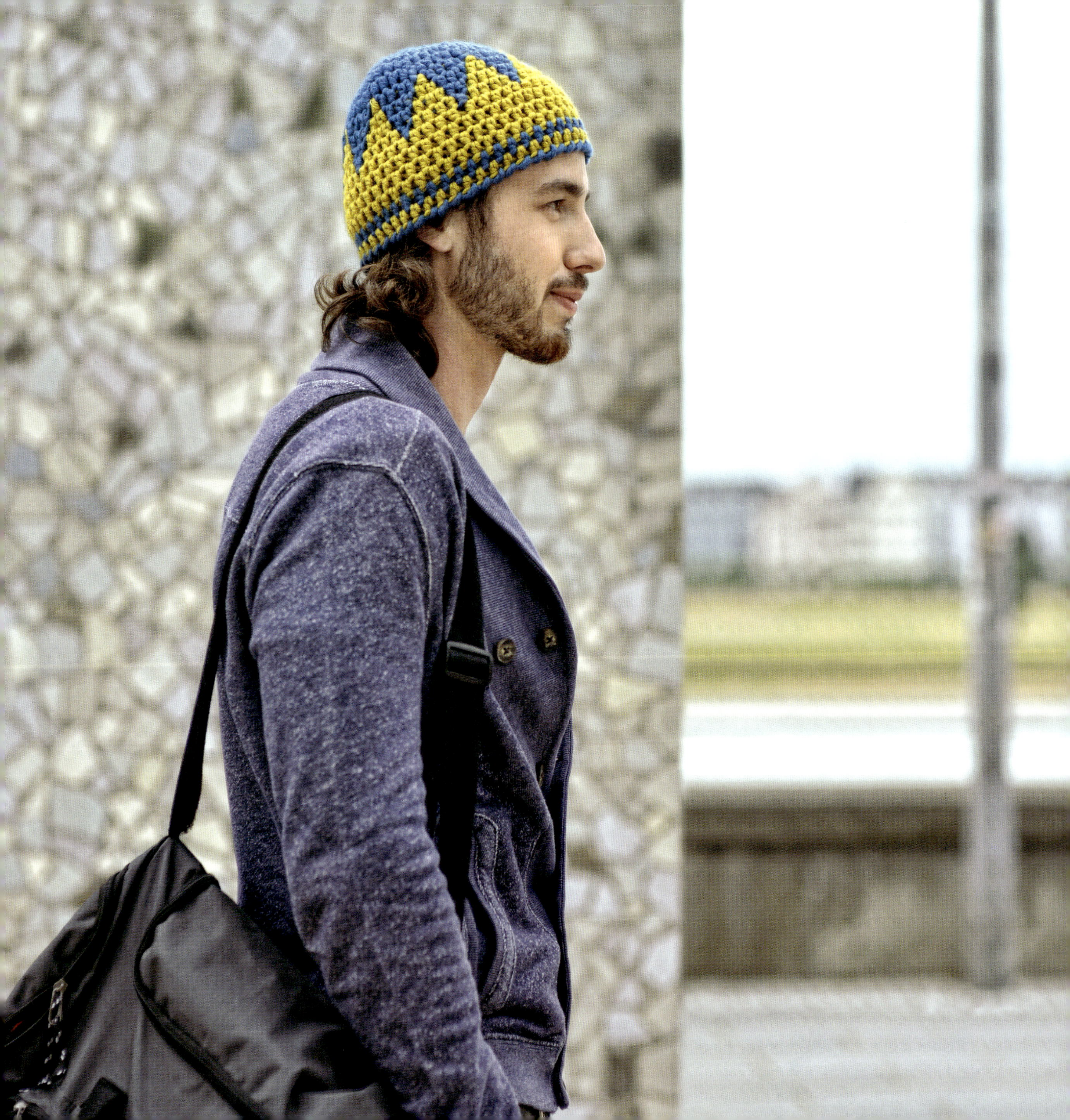

Yame

Die coolsten Zacken der Welt!

Fertig in ca. 3,5 h

Die Boshi „Yame" wird mit halben Stäbchen (siehe Seite 172) in der Runde gehäkelt. Während des Zackenmusters wird der Faden der gerade nicht mehr benötigten Farbe mit eingehäkelt (siehe nächste Seite). Mit der Abschlussrunde kommen noch Krebsmaschen (siehe Seite 179) dazu.

SKILLS

Maschenprobe
10 × 10 cm =
12 halbe Stäbchen × 8 Reihen

Nadeln
myboshi Häkelnadel 6,0 mm,
Stick-/Vernähnadel

Kopfumfang
Größe M 52–56 cm
Größe L 57–60 cm

Material
myboshi Wolle No. 1
oder No. 3

Farbidee und Verbrauch

			No. 1	No. 3
F1	154	Petrol	45 g	70 g
F2	111	Curry	40 g	60 g

Faden in Häkelrichtung einhäkeln

Der jeweils nicht verwendete Faden von F 1 oder F 2 wird beim Häkeln der anderen Farbe mit in die Maschen eingehäkelt. Dazu einfach den Faden der nicht benötigten Farbe auf die gehäkelten Maschenschlingen der Vorrunde legen und halbe Stäbchen bilden. Durch den Umschlag und das Durchholen des Arbeitsfadens wird der Faden umschlossen. Anschließend den Faden anziehen, sodass eine geringe Spannung entsteht, jedoch nicht zu fest, da die Maschen in der nächsten Runde benötigt werden und die Boshi ansonsten zu eng werden kann.

Anfangsring gilt für beide Größen (siehe Seite 170). Beginn mit F 1. Runden werden geschlossen (siehe Seite 177).
Fortan wird nun mit halben Stäbchen (siehe Seite 172) gearbeitet, die hier als „Maschen" bezeichnet werden.

Yame für Größe M

Farbe	Runde	Beschreibung	Maschen in Runde
F 1	1.	in den **Anfangsring** 11 Maschen arbeiten	11
F 1	2.	jede Masche doppeln, also 2 Maschen in 1 Einstichstelle arbeiten	22
F 1	3.	2 Maschen einfach häkeln, 1 Masche doppeln	29
F 1	4.	3 Maschen einfach häkeln, 1 Masche doppeln	36
F 1	5.	4 Maschen einfach häkeln, 1 Masche doppeln	43
F 1	6.	5 Maschen einfach häkeln, 1 Masche doppeln	50
		Aufgepasst! Zur 7.–10. Runde: In den nächsten Runden wird das Zackenmuster gehäkelt. Die Masche vor dem Farbwechsel wird bereits mit der neuen Farbe abgemascht (siehe Seite 178). Der Faden der gerade nicht benötigten Farbe wird locker eingehäkelt.	
F 1 + F 2	7.	(4 Maschen in F 1 und 1 Masche in F 2 häkeln) Klammer 9-mal wiederholen	50
F 1 + F 2	8.	(3 Maschen in F 1 und 2 Maschen in F 2 häkeln) Klammer 9-mal wiederholen	50
F 1 + F 2	9.	(2 Maschen in F 1 und 3 Maschen in F 2 häkeln) Klammer 9-mal wiederholen	50
F 1 + F 2	10.	(1 Masche in F 1 und 4 Maschen in F 2 häkeln) Klammer 9-mal wiederholen	50
F 2	11.–15.	jede Masche einfach häkeln	50
F 1	16.	jede Masche einfach häkeln	50
F 2	17.	jede Masche einfach häkeln	50
		Aufgepasst! Die 17. Runde nur mit 1 Kettmasche in der 1. Masche schließen.	
F 1	18.	Abschlussrunde: Krebsmaschen häkeln (siehe Seite 179)	50
		Ende Größe M	

Yame für Größe L

Farbe	Runde	Beschreibung	Maschen in Runde
F 1	1.	in den **Anfangsring** 12 Maschen arbeiten	12
F 1	2.	jede Masche doppeln, also 2 Maschen in 1 Einstichstelle arbeiten	24
F 1	3.	2 Maschen einfach häkeln, 1 Masche doppeln	32
F 1	4.	3 Maschen einfach häkeln, 1 Masche doppeln	40

F1	5.	4 Maschen einfach häkeln, 1 Masche doppeln	48
F1	6.	7 Maschen einfach häkeln, 1 Masche doppeln	54
		Aufgepasst! Zur 7.–11. Runde: In den nächsten Runden wird das Zackenmuster gehäkelt. Die Masche vor dem Farbwechsel wird bereits mit der neuen Farbe abgemascht. Der Faden der gerade nicht benötigten Farbe wird locker eingehäkelt.	
F1+F2	7.	(5 Maschen in F1 und 1 Masche in F2 häkeln) Klammer 8-mal wiederholen	54
F1+F2	8.	(4 Maschen in F1 und 2 Maschen in F2 häkeln) Klammer 8-mal wiederholen	54
F1+F2	9.	(3 Maschen in F1 und 3 Maschen in F2 häkeln) Klammer 8-mal wiederholen	54
F1+F2	10.	(2 Maschen in F1 und 4 Maschen in F2 häkeln) Klammer 8-mal wiederholen	54
F1+F2	11.	(1 Masche in F1 und 5 Maschen in F2 häkeln) Klammer 8-mal wiederholen	54
F2	12.–16.	jede Masche einfach häkeln	54
F1	17.	jede Masche einfach häkeln	54
F2	18.	jede Masche einfach häkeln	54
		Aufgepasst! Die 18. Runde nur mit 1 Kettmasche in der 1. Masche schließen.	
F1	19.	Abschlussrunde: Krebsmaschen häkeln (siehe Seite 179)	54
		Ende Größe L	

Fertigstellung

Alle Fäden nach ca. 15 cm abschneiden und gut vernähen. Fertig!

Farbinspiration

F1 195 Anthrazit
F2 141 Rouge

F1 395 Anthrazit
F2 372 Ocker

Anderer Look
Luftiges Grau meets Boots und Farbe

Eine Boshi auch für Girls – so geht's perfekt gestylt ins Büro oder zu einem kleinen Shopping-Trip. Stilvoll wird hier die ungewöhnliche Farbe der Boshi mit schlichtem Grau und kleinen farbigen Akzenten in den Fokus gerückt.

Office/City

Accessoires

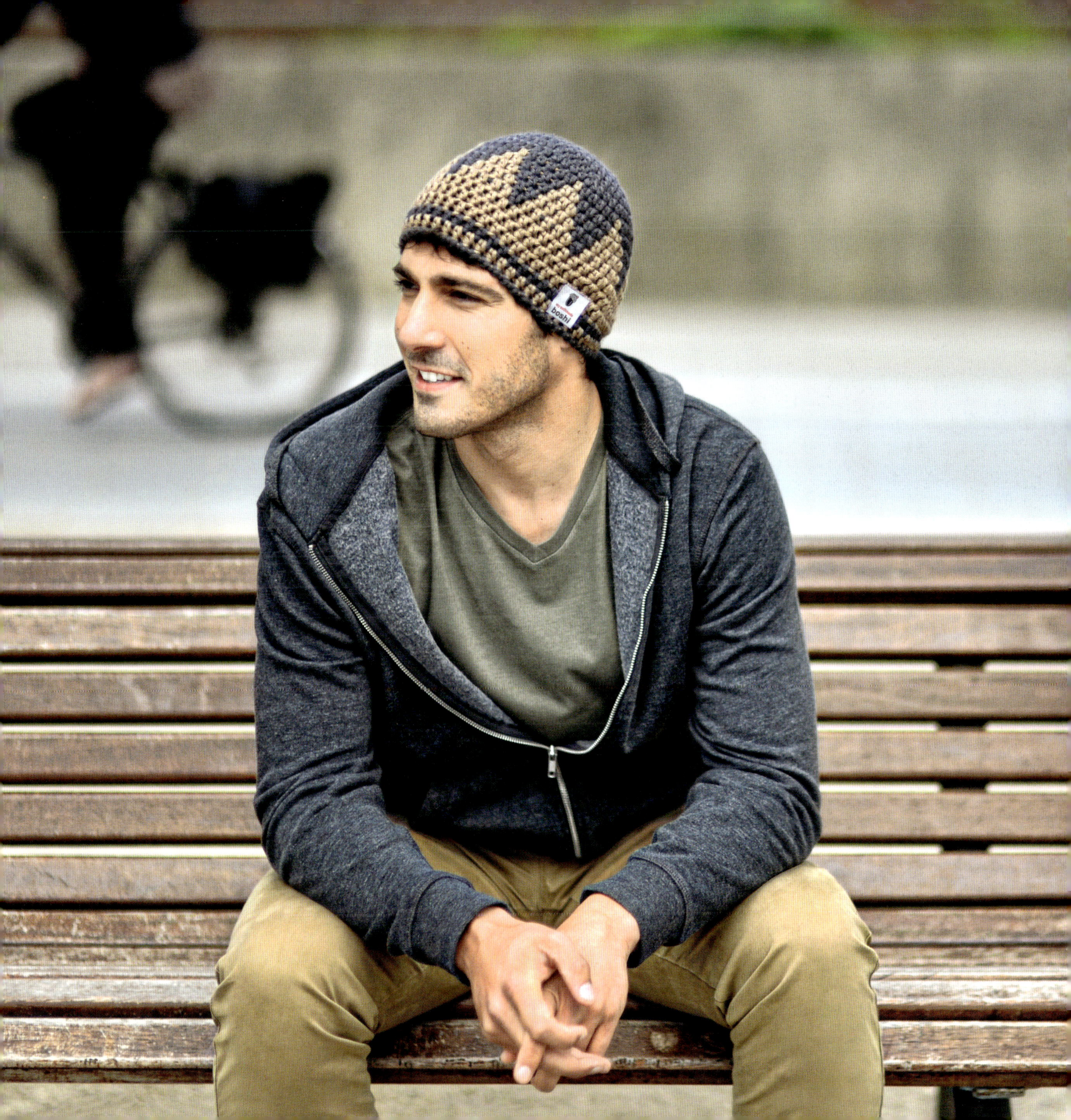
boshi

Rundherum trendy

Vom filigranen Klassiker über rockige Designs für wilde Abende in der Stadt findest du auf den folgenden Seiten für jede Gelegenheit den passenden Schal. Egal, ob er dein Outfit farblich unterstreicht oder mit einer knalligen Farbe aufpeppt – ein Schal ist ein Statement für jeden Fashion-Abenteurer.

Schals und Loops

100 % Kuschelfaktor

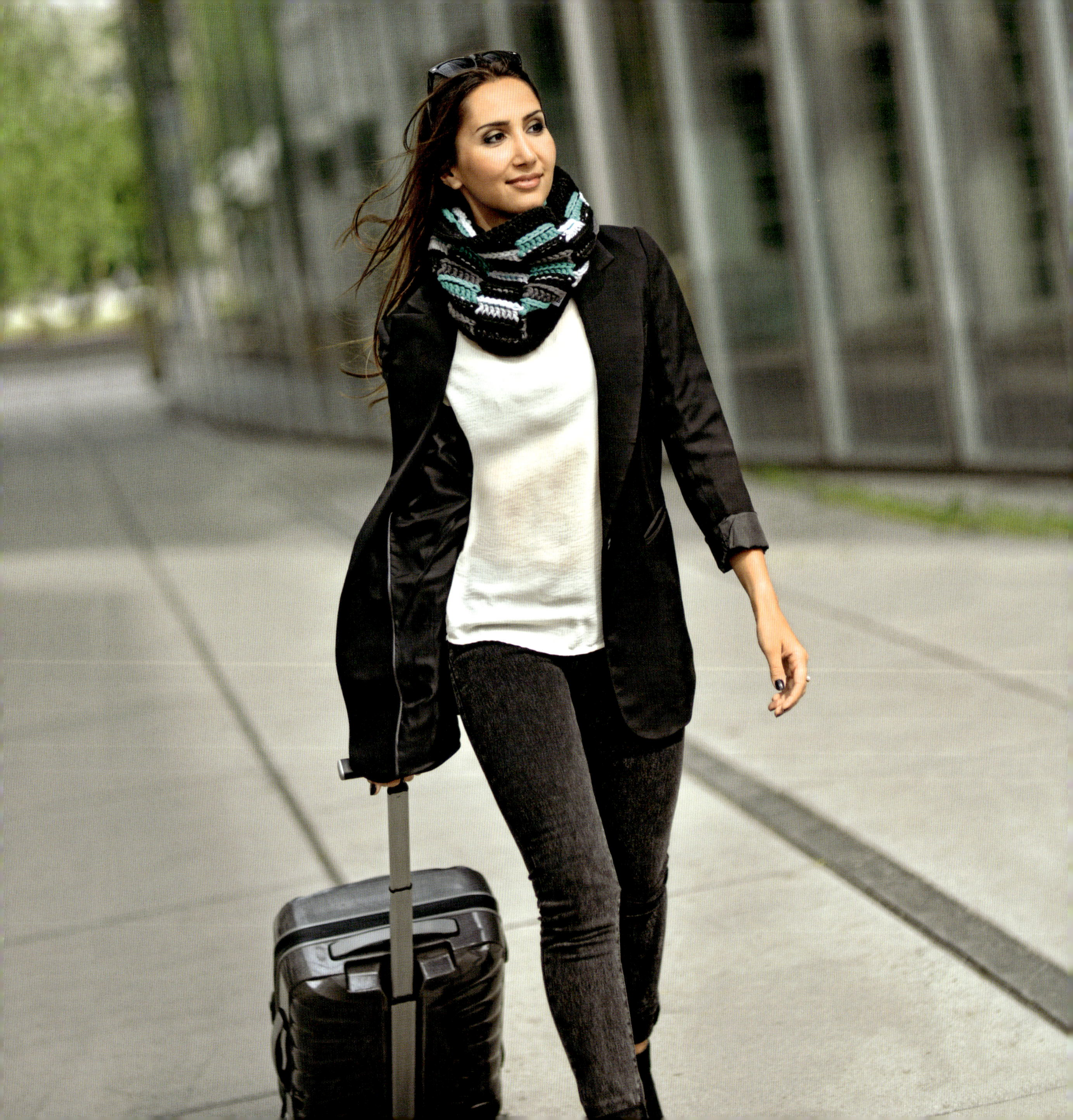

Fertig in ca. 5 h

Chic von Kopf bis Hals!

Eniwa

Der Loop „Eniwa" beginnt mit dem doppelten Luftmaschenanschlag (siehe Seite 171) und wird anschließend mit halben Stäbchen, von hinten eingestochenen halben Stäbchen und Reliefstäbchen in Runden gehäkelt. Abschließend werden oben und unten feste Maschen als Rand gearbeitet (siehe Seite 171).

SKILLS

Maschenprobe
10 × 10 cm =
9 halbe Stäbchen × 7 Reihen
mit einer Häkelnadel 8,0 mm

Nadeln
Häkelnadel 8,0 mm,
Stick-/Vernähnadel

Größe
Umfang ca. 64 cm
Höhe   ca. 27 cm

Material
myboshi Wolle No. 1
oder No. 3

Farbidee und Verbrauch

			No. 1	No. 3
F1	196	Schwarz	125 g	190 g
F2	195	Anthrazit	30 g	45 g
F3	193	Silber	30 g	45 g
F4	126	Jade	30 g	45 g

Anfangsring mit F 1 und 70 doppelten Luftmaschen (siehe Seite 170). Runden werden in die 1. Masche (bei festen Maschen oder halben Stäbchen) oder in die Anfangsluftmasche (bei von hinten eingestochenen halben Stäbchen) oder in die 2. Anfangsluftmasche (bei Reliefstäbchen) geschlossen (siehe Seite 177).

Eniwa

Farbe	Runde	Beschreibung	Maschen in Runde
F 1	1.	in jede doppelte Luftmasche 1 halbes Stäbchen (siehe Seite 172) häkeln	70
F 1	2.	(abwechselnd 7 Reliefstäbchen (siehe Seite 176) und 7 von hinten eingestochene halbe Stäbchen (siehe Seite 173) häkeln) Klammer 4-mal wiederholen	70
F 2	3.	(abwechselnd 7 von hinten eingestochene halbe Stäbchen und 7 Reliefstäbchen häkeln) Klammer 4-mal wiederholen	70
F 1	4. + 5.	2. + 3. Rd wiederholen	70
F 3	6.	2. Rd wiederholen	70
F 4	7.	3. Rd wiederholen	70
F 1+F 2+ F 3+F 4	8.–19.	2.–7. Rd 2-mal wiederholen	70
F 1	20.	2. Rd wiederholen	70
F 1	21.	halbe Stäbchen häkeln	70
F 1	22.	Abschlussrunde/Rückrunde (siehe Seite 178)	70
		Ende des Loops: Den Faden nach ca. 15 cm abschneiden und durch die Luftmasche ziehen.	

Fertigstellung

Anschließend den Loop drehen, sodass die eben gehäkelte Abschlussrunde nach unten zeigt. Nun in eine Masche der 1. Runde einstechen, den Faden von F 1 durchholen, 1 Luftmasche häkeln und anschließend eine weitere Abschlussrunde auf die gleiche Weise häkeln. Zuletzt alle übrigen Fäden gut vernähen. Fertig!

Farbinspiration

F 1 155 Marine
F 2 157 Blaubeere
F 3 136 Puder
F 4 111 Curry

Andere Looks
Das Allroundtalent

Tagsüber unterstreicht der elegante Schal perfekt das Business-Outfit. Kombiniert mit einer Lederjacke rockst du damit jede Afterwork-Party.

Party

Accessoires

70s-Appeal, Good Vibrations, kräftige Farben: So schön ist Mode in diesem Herbst.

Accessoires

Retro

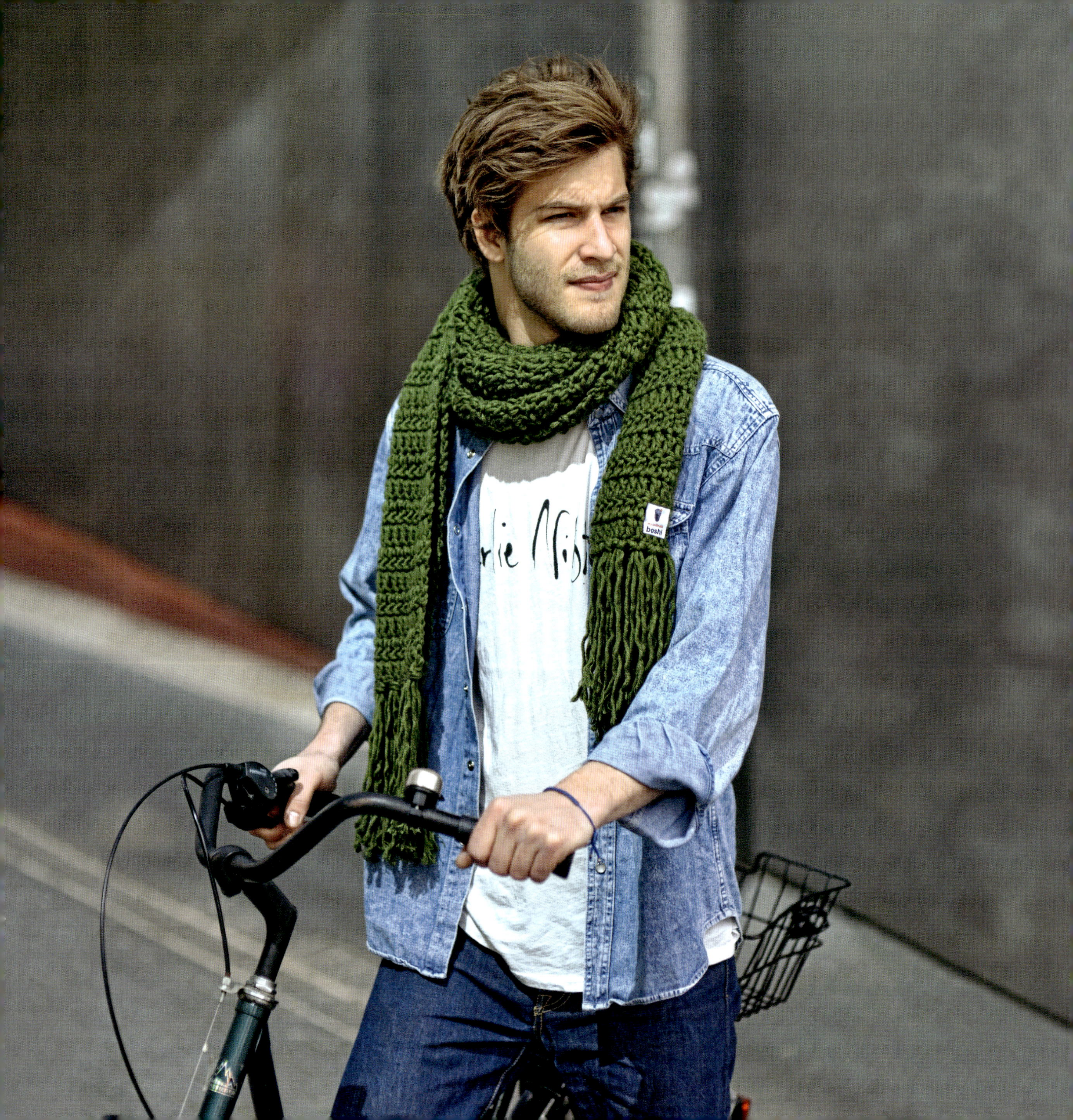
boshi

Fertig in ca. 4 h

Futtsu

Oversized mit langen Fransen!

Der Schal „Futtsu" wird in Hin- und Rückreihen mit einfachen Stäbchen (siehe Seite 172) und einer großen Häkelnadel 10,0 mm gearbeitet. Lange Fransen zieren die Schalenden (siehe Seite 179).

SKILLS

Maschenprobe
10 × 10 cm =
8 einfache Stäbchen × 4,5 Reihen
mit einer Häkelnadel 10,0 mm

Nadeln
Häkelnadel 10,0 mm,
Stick-/Vernähnadel

Größe
Länge ca. 215 cm (ohne Fransen)
Breite ca. 24 cm

Material
myboshi Wolle No. 1
oder No. 3

Farbidee und Verbrauch

		No. 1	No. 3
F 1	129 Jagdgrün	330 g	500 g

Anfang unten. 19 Luftmaschen + 2 Wendeluftmaschen mit F1 (siehe Seite 170) anschlagen. **Aufgepasst!** Da in jeder Reihe einfache Stäbchen gehäkelt werden, am Ende der Reihe 2 Wendeluftmaschen nicht vergessen!

Futtsu

Farbe	Reihe	Beschreibung	Maschen in Reihe
F1	1.–92.	einfache Stäbchen (siehe Seite 172) häkeln	19
		Ende des Schals: Auf das letzte einfache Stäbchen noch 1 Luftmasche häkeln, den Faden nach ca. 15 cm abschneiden und durch die Luftmasche ziehen. Anschließend die Fransen anknüpfen.	

Fransen anknüpfen

Für 1 Franse werden 3 ca. 40 cm lange Fäden von F1 benötigt. An einem Schalende 10 Fransen (siehe Seite 179) befestigen. Dazu immer 3 Fäden zurechtschneiden und durch die Maschenschlingen der 1., 3., 5., 7., 9., 11., 13., 15., 17. und 19. Masche fädeln. Das Ganze für das andere Schalende wiederholen.

Fertigstellung

Alle übrigen Fäden gut vernähen. Fertig!

Farbinspiration

F1   373 Karamell

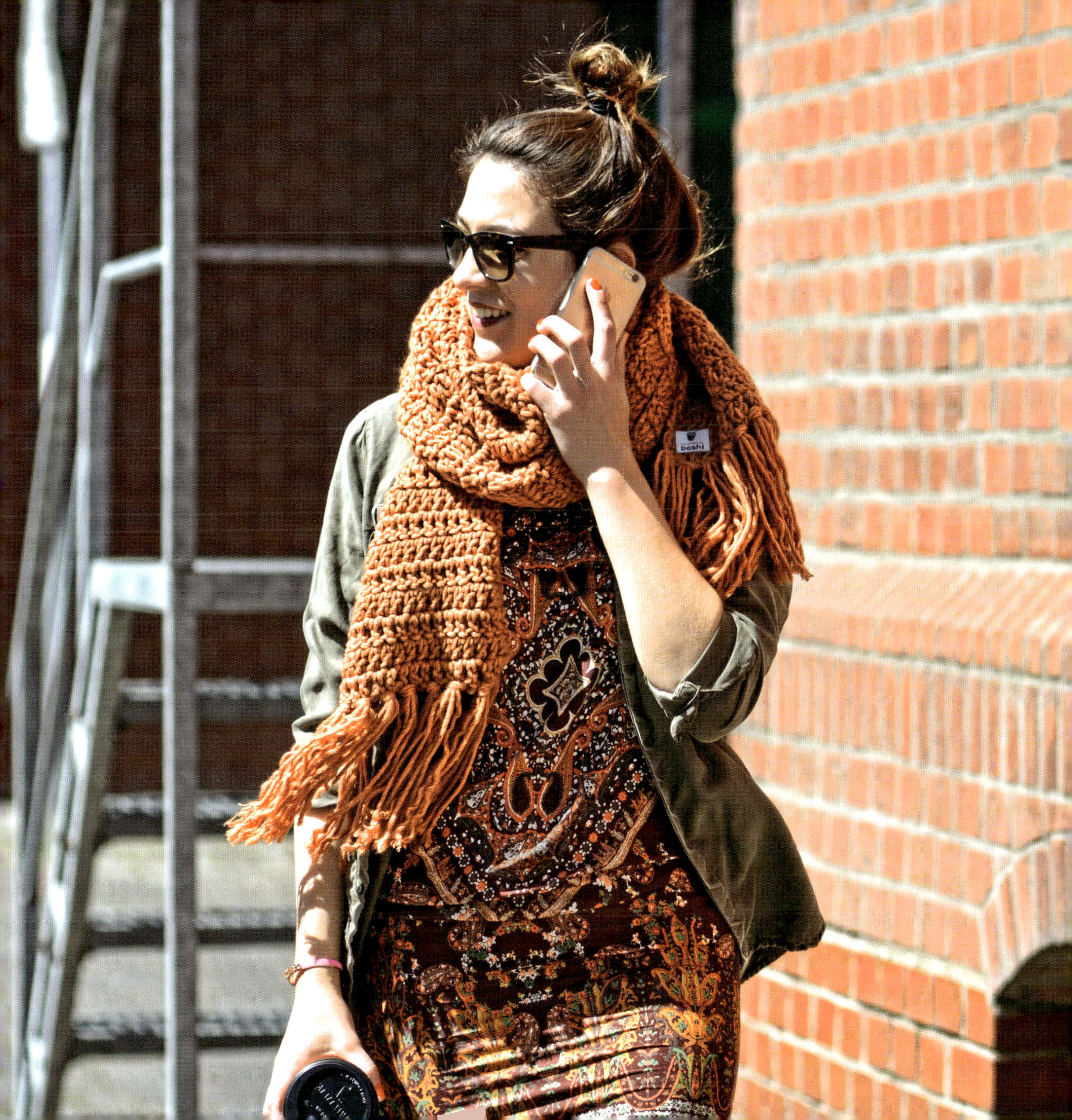
boshi

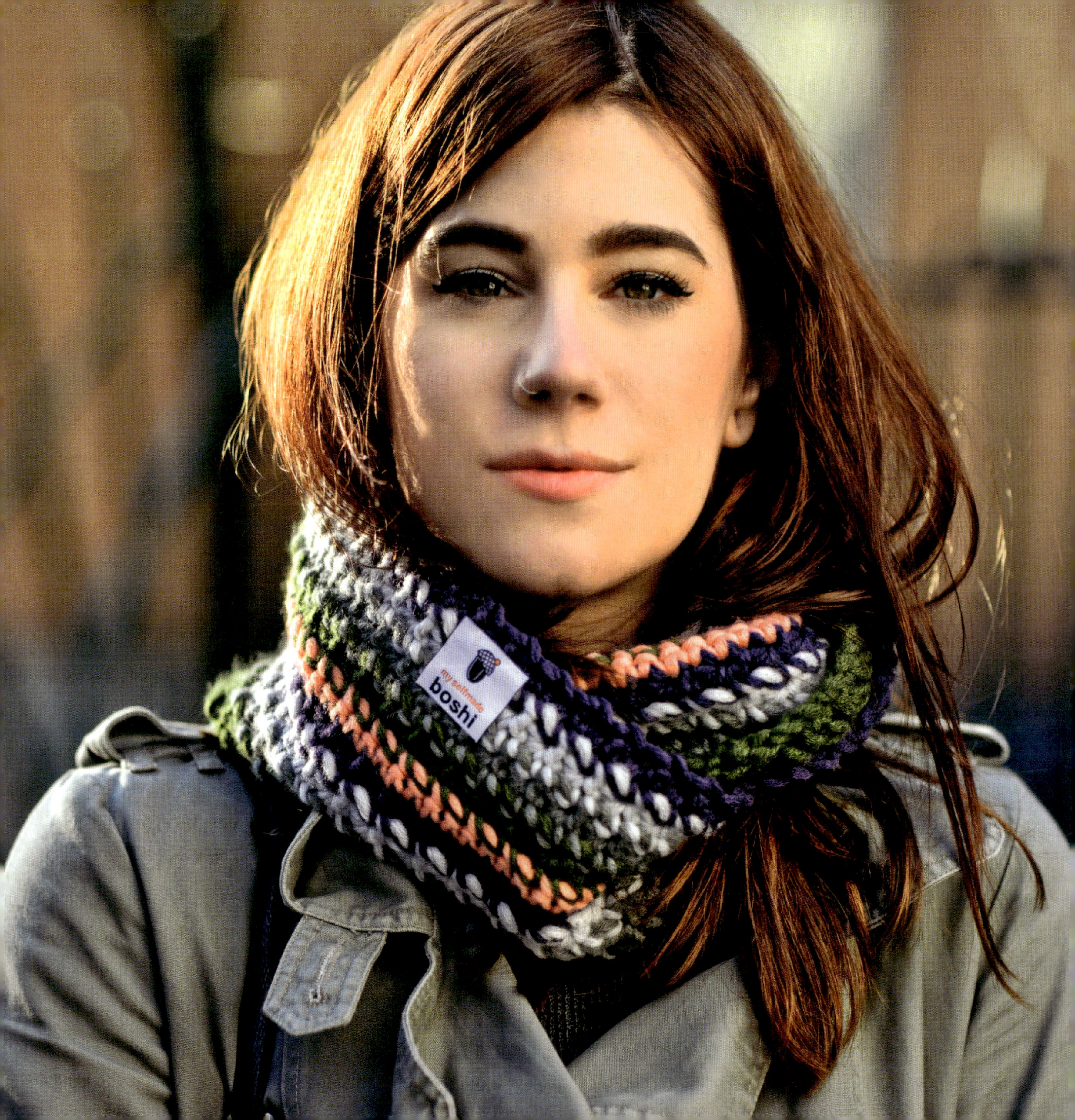
my selfmade
boshi

Fertig in ca. 3,5 h

Moriyama

Außen und innen ein Hingucker!

Der Loop „Moriyama" wird mit dem doppelten Luftmaschenanschlag (siehe Seite 171) begonnen und mit festen Maschen (siehe Seite 171) und dem Margeritenmuster Variante 2 (siehe Seiten 174–175) in Runden gehäkelt.

SKILLS

Maschenprobe
10 × 10 cm =
12 feste Maschen × 12 Reihen

Größe
Umfang ca. 124 cm
Höhe ca. 15 cm

Farbidee und Verbrauch

			No. 1	No. 3
F 1	129	Jagdgrün	45 g	70 g
F 2	194	Titangrau	40 g	60 g
F 3	193	Silber	40 g	60 g
F 4	165	Pflaume	45 g	70 g
F 5	141	Rouge	10 g	15 g

Tipp: Solltest du fest häkeln, nimm eine Häkelnadel der Stärke 8,0 mm.

Nadeln
myboshi Häkelnadel 6,0 mm,
Stick-/Vernähnadel

Material
myboshi Wolle No. 1
oder No. 3

Anfangsring mit F 1 und 144 doppelten Luftmaschen (siehe Seite 171). Runden werden geschlossen (siehe Seite 177). Bei festen Maschen anschließend 1 Luftmasche häkeln. Bei diesem Modell wird ausschließlich die **2. Variante des Margeritenmusters** (siehe Seiten 174–175) verwendet. Die Angaben zum Rundenschluss des Margeritenmusters sind im Know-how-Teil zu finden (siehe Seite 166).

Moriyama

Farbe	Runde	Beschreibung	Maschen in Runde
		Aufgepasst! Zur 1.–10. Runde: Bei diesem Loop wird ausschließlich die **2. Variante des Margeritenmusters** verwendet. Durch den Farbwechsel werden bei dem Loop alle Runden geschlossen.	
F 1	1.	1. Rd im Margeritenmuster häkeln	72
F 2	2.	2. Rd im Margeritenmuster häkeln	72
F 3	3.	2. Rd im Margeritenmuster häkeln	72
F 4	4.	2. Rd im Margeritenmuster häkeln	72
F 5	5.	feste Maschen (siehe Seite 171) häkeln, dabei immer in die 1. Schlinge der Margerite (= Masche vor dem Loch) und danach in die Luftmasche (= Loch) einstechen	144
F 1	6.	1. Rd im Margeritenmuster häkeln	72
F 2	7.	2. Rd im Margeritenmuster häkeln	72
F 3	8.	2. Rd im Margeritenmuster häkeln	72
F 4	9.	2. Rd im Margeritenmuster häkeln	72
F 4	10.	Abschlussrunde/Rückrunde: In die entgegengesetzte Maschenrichtung immer in die 1. Schlinge der Margerite und anschließend in die Luftmasche 1 feste Masche häkeln. Dazu den Loop einfach mit der letzten auf der Nadel liegenden Schlinge um die eigene Achse drehen und häkeln.	144

Ende des Loops

Fertigstellung

Alle Fäden nach ca. 15 cm abschneiden und gut vernähen. Fertig!

Farbinspiration

F 1 195 Anthrazit
F 2 175 Schlamm
F 3 192 Elfenbein
F 4 193 Silber
F 5 128 Palme

boshi

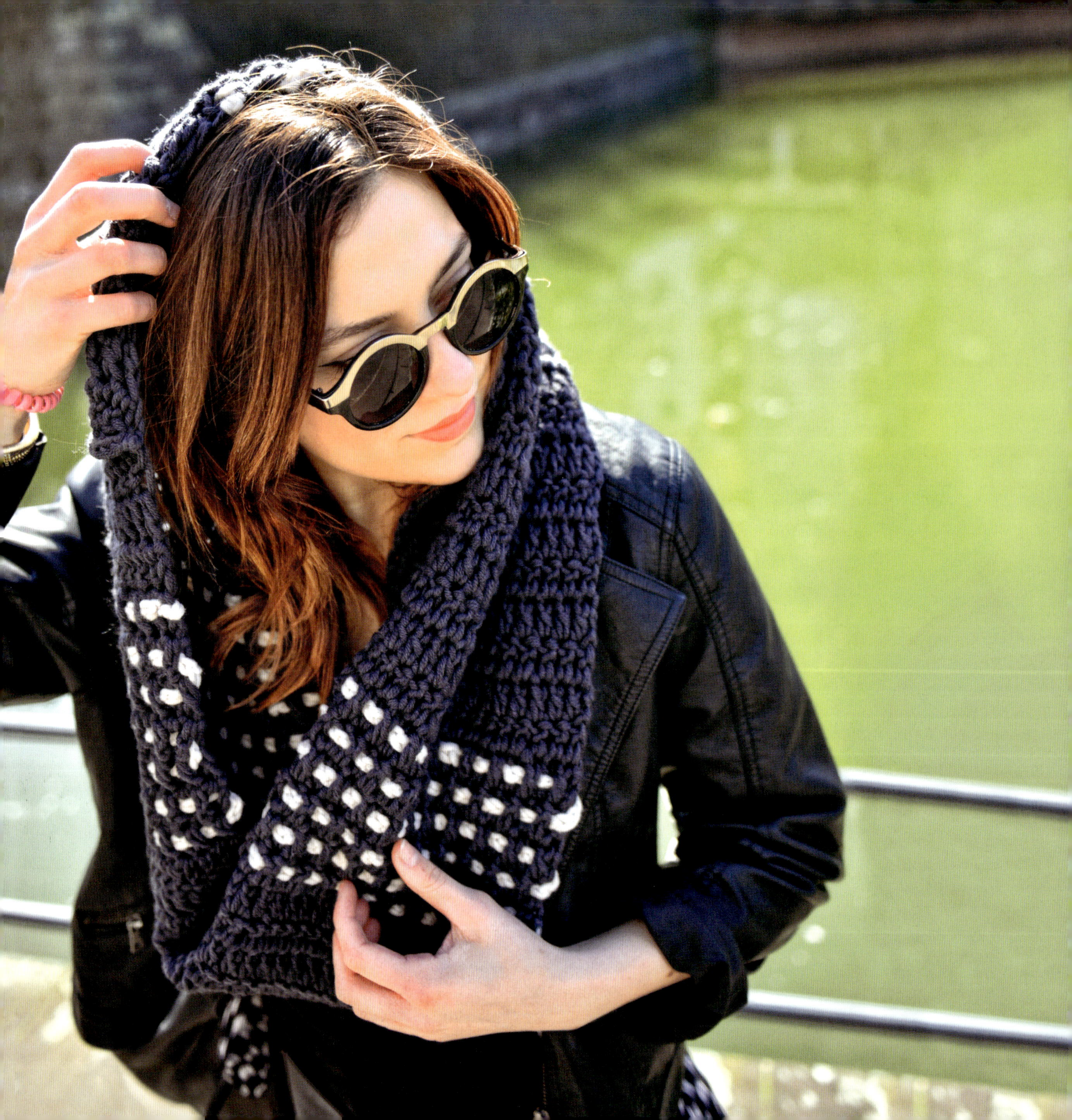

Fertig in ca. 4h

Komoro

Großer Rundschal mit gewebten Highlights!

Der Schal „Komoro" wird mit dem doppelten Luftmaschenanschlag (siehe Seite 171) begonnen und in Hin- und Rückreihen mit einfachen Stäbchen (siehe Seite 172) gehäkelt. Anschließend werden 3 große Luftmaschenketten gearbeitet, die an 3 Stellen des langen Schals eingewebt werden. Am Schluss wird der Schal noch an den kurzen Enden zu einem Loop zusammengenäht.

SKILLS

Maschenprobe
10 × 10 cm =
8 einfache Stäbchen × 4,5 Reihen
mit einer Häkelnadel 10,0 mm

Nadeln
Häkelnadel 10,0 mm,
Stick-/Vernähnadel

Größe
Umfang ca. 140 cm
Höhe ca. 30 cm

Material
myboshi Wolle No. 1
oder No. 3

Farbidee und Verbrauch

		No. 1	No. 3
F1	195 Anthrazit	245 g	370 g
F2	191 Weiß	35 g	60 g

22 doppelte Luftmaschen (siehe Seite 171) + 2 Wendeluftmaschen (siehe Seite 170) mit F1 häkeln. **Aufgepasst!** Am Ende einer Reihe 2 Wendeluftmaschen nicht vergessen!

Komoro

Farbe	Reihe	Beschreibung	Maschen in Reihe
F1	1.–60.	22 einfache Stäbchen (siehe Seite 172) häkeln	22

Ende des Schals: Auf das letzte einfache Stäbchen noch 1 Luftmasche häkeln, den Faden nach ca. 60 cm abschneiden und durch die Luftmasche ziehen. Den langen Endfaden später zum Zusammennähen der kurzen Seiten des Schals verwenden.

Verzierung mit eingewebten Luftmaschenketten

Nach ca. 15 cm mit der Anfangsluftmasche beginnen, da der Faden später noch vernäht werden muss. 3 Luftmaschenketten mit jeweils ca. 150 Luftmaschen mit F2 anschlagen. Das sind pro Luftmaschenkette ca. 1,2 m Länge.
Den langen Schal vor sich hinlegen und in der 1. Reihe mit dem Einweben einer Luftmaschenkette beginnen. Dazu einfach die Luftmaschenkette 1-mal über und 1-mal unter den Maschenkörpern der einfachen Stäbchen einer Reihe fädeln. Von rechts nach links und in der darauffolgenden Reihe von links nach rechts in Schlangenlinien Reihe für Reihe arbeiten, bis die Luftmaschenkette verwebt ist. Es sollten nun die ersten 6 Reihen verwebt sein. Anschließend 14 Reihen des Schals freilassen und mit dem Einweben der 2. Luftmaschenkette über ca. 6 Reihen beginnen. Nach weiteren 14 freien Reihen die 3. und letzte Luftmaschenkette verweben.

Fertigstellung

Bis auf den langen Endfaden alle übrigen Fäden, auch die der Luftmaschenketten, gut vernähen. Nun die beiden kurzen Kanten des Schals aneinanderlegen und den Schal mit dem langen Endfaden zu einem Loop zusammennähen. Fertig!

Farbinspiration

F1 174 Kakao
F2 136 Puder

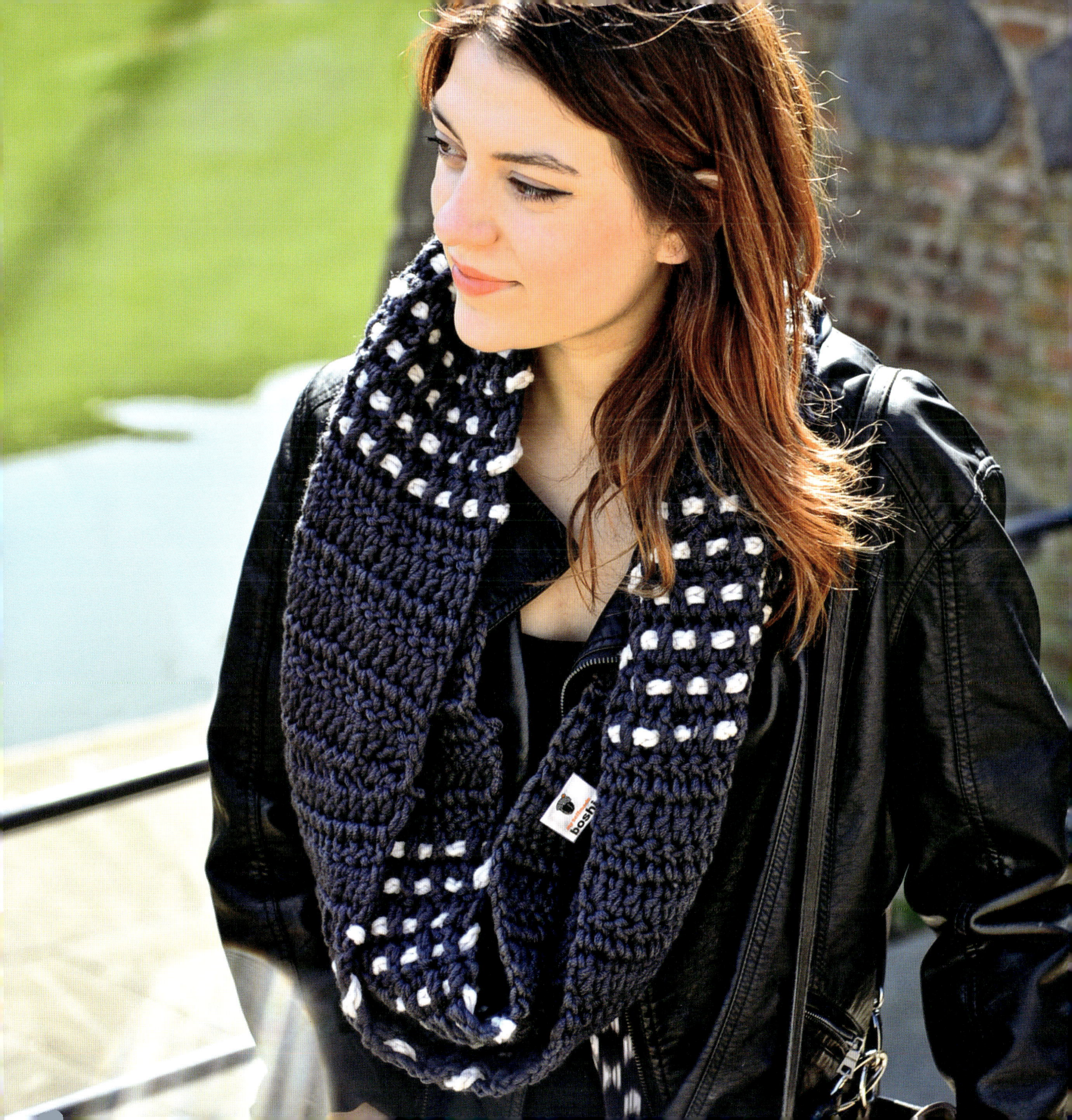

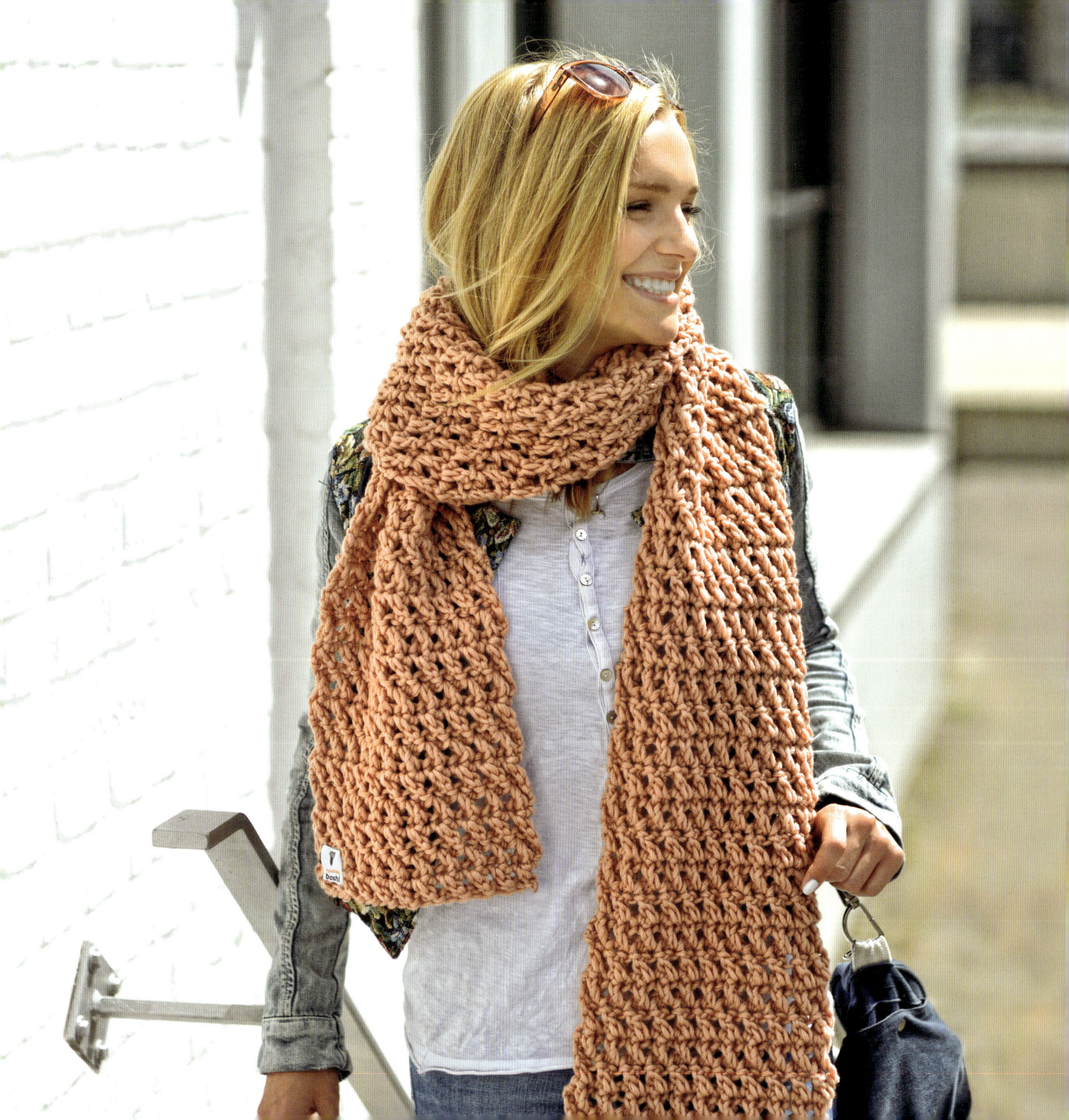
boshi

Fertig in ca. 4h

Kuki

Groß, lang, warm – im Flechtlook!

Der Schal „Kuki" wird mit einer 10,0-mm-Häkelnadel in Hin- und Rückreihen mit Kreuzstäbchen bestehend aus einfachen Stäbchen (siehe Seite 172) gehäkelt. Begonnen wird der Schal mit dem doppelten Luftmaschenanschlag (siehe Seite 171).

SKILLS

Maschenprobe
10 × 10 cm =
5 Kreuzstäbchen × 4 Reihen
mit einer Häkelnadel 10,0 mm

Nadeln
Häkelnadel 10,0 mm,
Stick-/Vernähnadel

Größe
Länge ca. 215 cm
Breite ca. 24 cm

Material
myboshi Wolle No. 1
oder No. 3

Farbidee und Verbrauch

	No. 1	No. 3
F1 136 Puder	350 g	525 g

22 doppelte Luftmaschen (siehe Seite 171) + 2 Wendeluftmaschen (siehe Seite 170) mit F1 häkeln. **Aufgepasst!** Am Ende einer Reihe 2 Wendeluftmaschen nicht vergessen!

Kuki

Farbe	Reihe	Beschreibung	Maschen in Reihe
F1	1.–86.	11 Kreuzstäbchen (siehe Seite 176) häkeln	11

Ende des Schals: Auf das letzte einfache Stäbchen noch 1 Luftmasche häkeln, den Faden nach ca. 15 cm abschneiden und durch die Luftmasche ziehen.

Fertigstellung

Alle Fäden gut vernähen. Fertig!

Farbinspiration

F1   154 Petrol

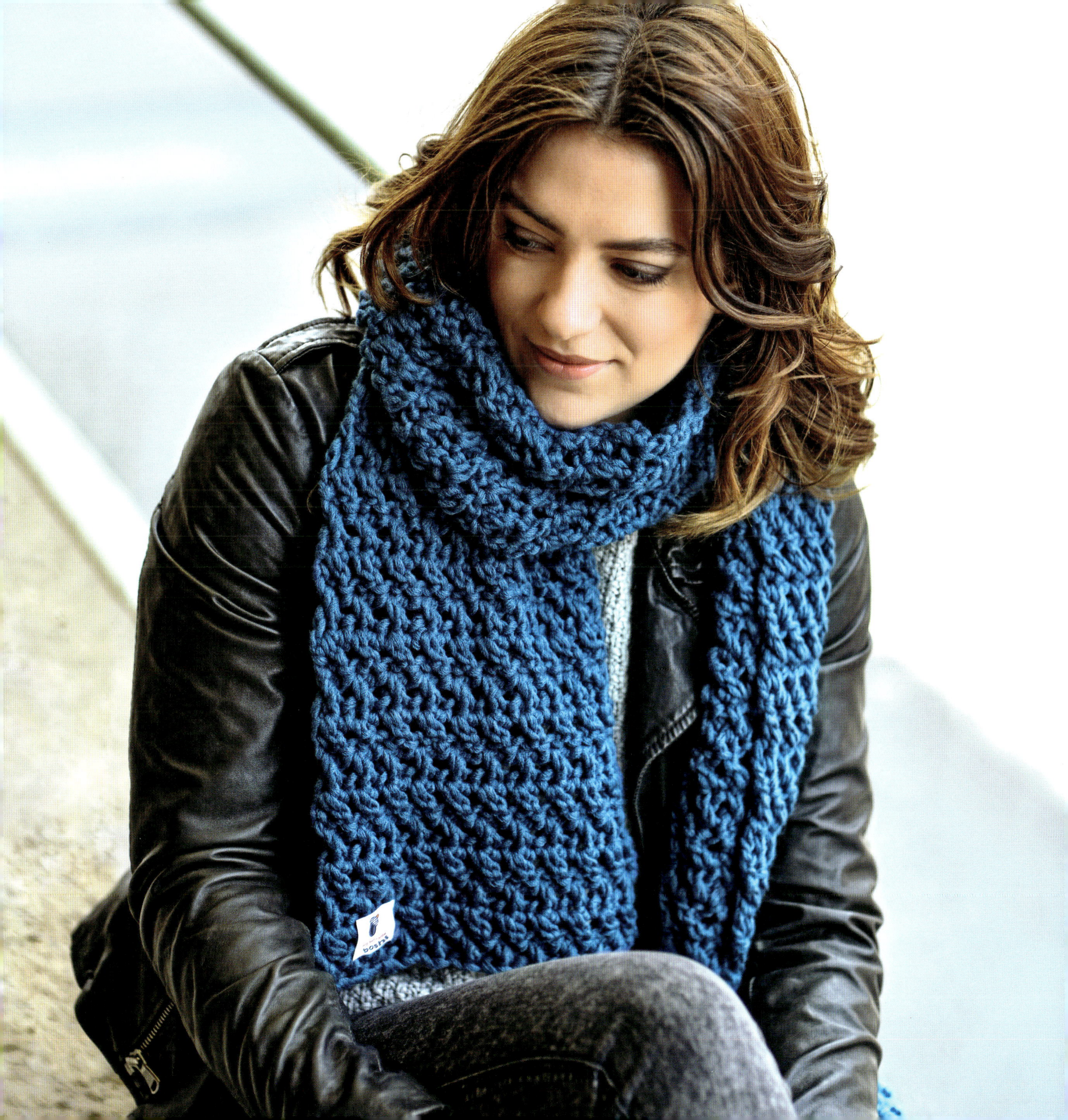
boshi

Anderer Look

Universallook – anziehen und wohlfühlen

Für die Shopping-Tour in der City, für den Brunch oder die Familienfeier: Hier ist das perfekte Outfit dafür! Plus stimmigem Farbkonzept mit Wohlfühlfaktor.

City

Accessoires

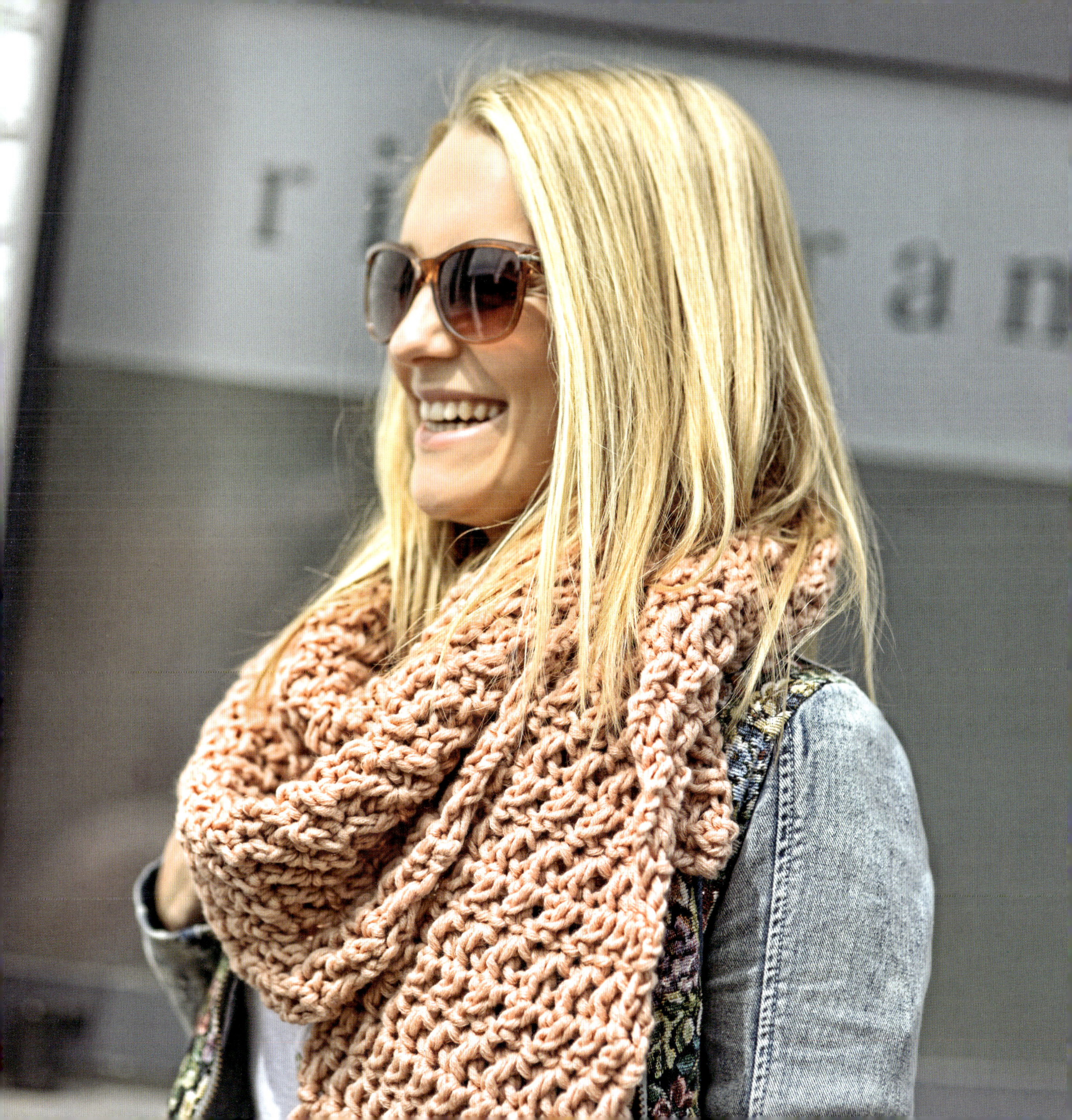

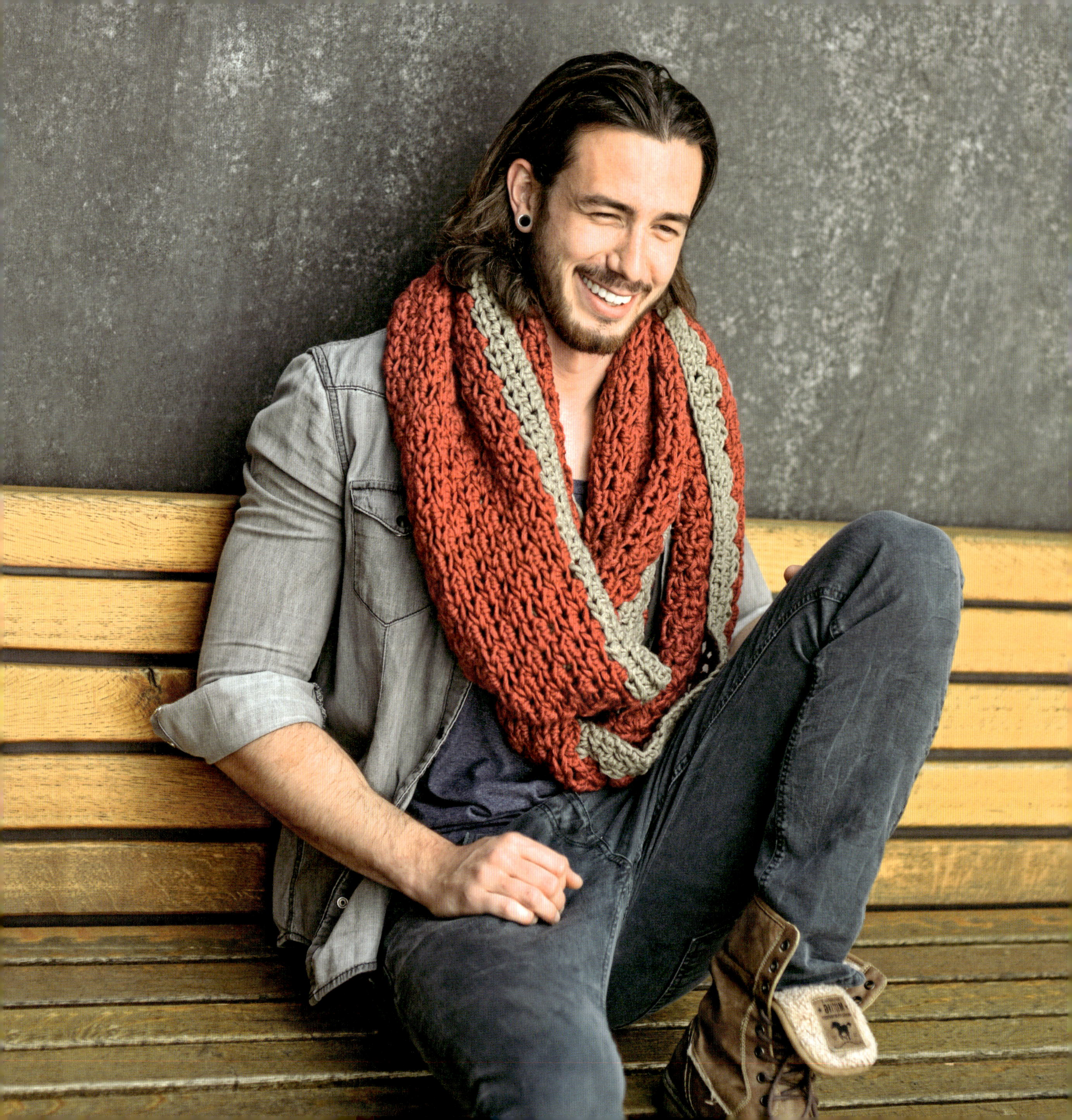

Fertig in ca. **5 h**

Sukomo

Hals- und Kopfschmuck XXL!

Der Rundschal „Sukomo" wird in Runden mit Maschenbündeln V 3 (siehe Seite 176) aus 3 halben Stäbchen gehäkelt. Die Umrandung bzw. farbliche Einfassung des Schals besteht aus halben Stäbchen (siehe Seite 172). Seinen besonderen Effekt im Hauptteil erhält der Schal durch die Maschenbündel.

SKILLS

Maschenprobe
10 × 10 cm =
8 halbe Stäbchen × 7 Reihen
mit einer Häkelnadel 10,0 mm

Nadeln
Häkelnadel 10,0 mm,
Stick-/Vernähnadel

Größe
Umfang ca. 195 cm
Höhe ca. 30 cm

Material
myboshi Wolle No. 1
oder No. 3

Farbidee und Verbrauch

			No. 1	No. 3
F 1	175	Schlamm	85 g	130 g
F 2	135	Bordeaux	240 g	360 g

Anfangsring mit 147 Luftmaschen in F 1 (siehe Seite 170). Runden werden geschlossen (siehe Seite 177).

Sukomo

Farbe	Runde	Beschreibung	Maschen in Runde
F 1	1.	in jede Luftmasche 1 halbes Stäbchen (siehe Seite 172) arbeiten	147
		Aufgepasst! Zur 2.–18. Runde: Alle Runden werden immer im 1. Stäbchen des Maschenbündels geschlossen.	
F 1	2.	(1 Maschenbündel V 3 (siehe Seite 176) häkeln, 2 Einstichstellen auslassen) Klammer 48-mal wiederholen	49
		Aufgepasst! Zur 3.–18. Runde: Die Maschenbündel V 3 werden nun immer in das 3. Stäbchen eines Maschenbündels der Vorrunde gehäkelt.	
F 2	3.–17.	Maschenbündel V 3 häkeln	49
F 1	18.	Maschenbündel V 3 häkeln	49
F 1	19.	in jedes halbe Stäbchen eines Maschenbündels 1 halbes Stäbchen häkeln	147
		Ende des Loops	

Fertigstellung

Alle Fäden nach ca. 15 cm abschneiden und gut vernähen. Fertig!

Farbinspiration

F 1   195   Anthrazit
F 2   129   Jagdgrün

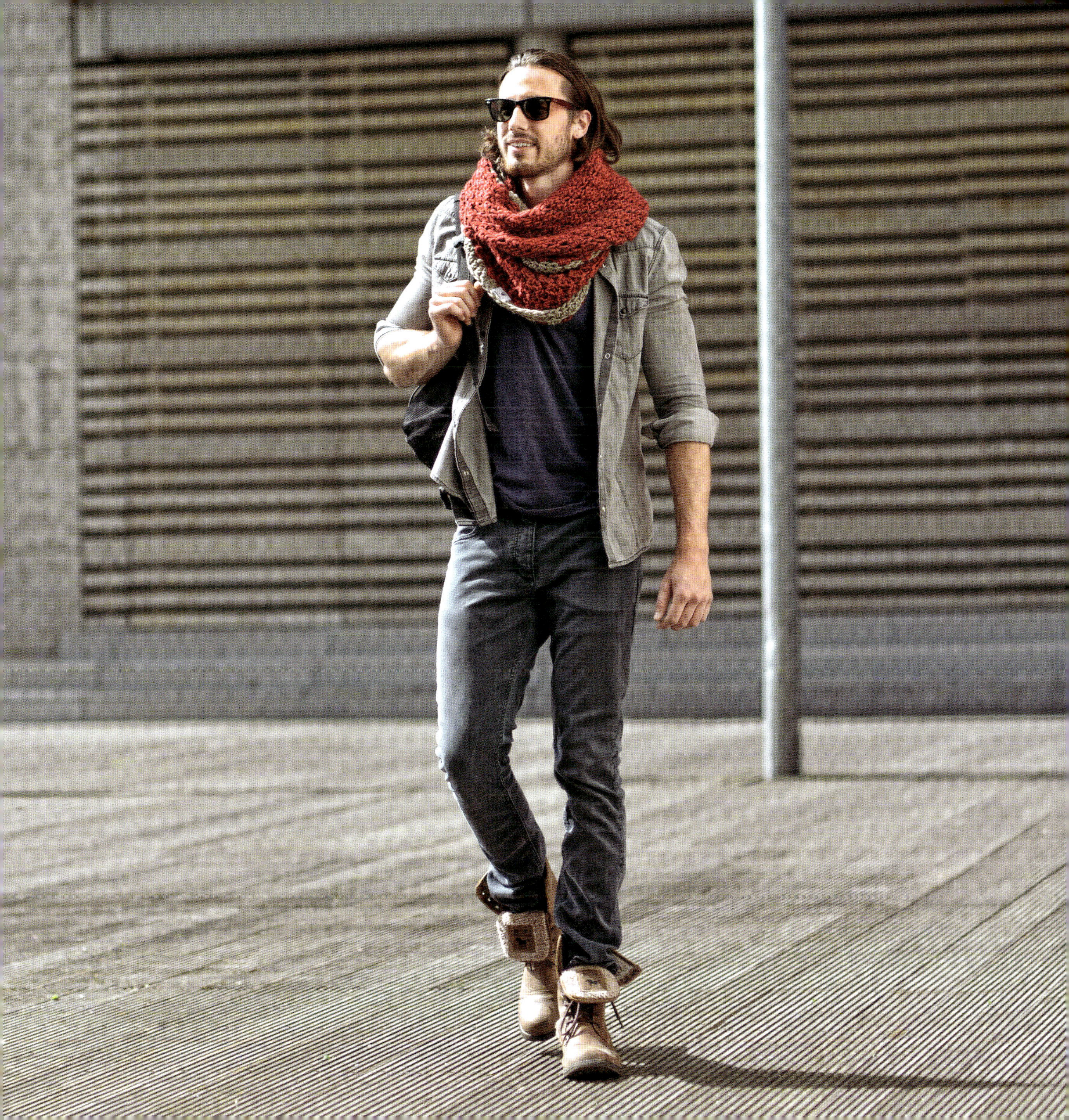

Mode selbst gemacht

Auf stylishe Art und Weise dem Schmuddelwetter trotzen? Ein modisches Statement setzen und gleichzeitig kuschelig durch die kühlen Tage kommen? Mit einem handgemachten Warmhalter ist das kein Problem: Ob BoLoop, unsere originelle Mischung aus Loop und Boshi, oder schicke Weste – ein selbst gemachtes Kleidungsstück steht für Persönlichkeit und Stil.

BoLoops und Westen

Handarbeit goes Fashion

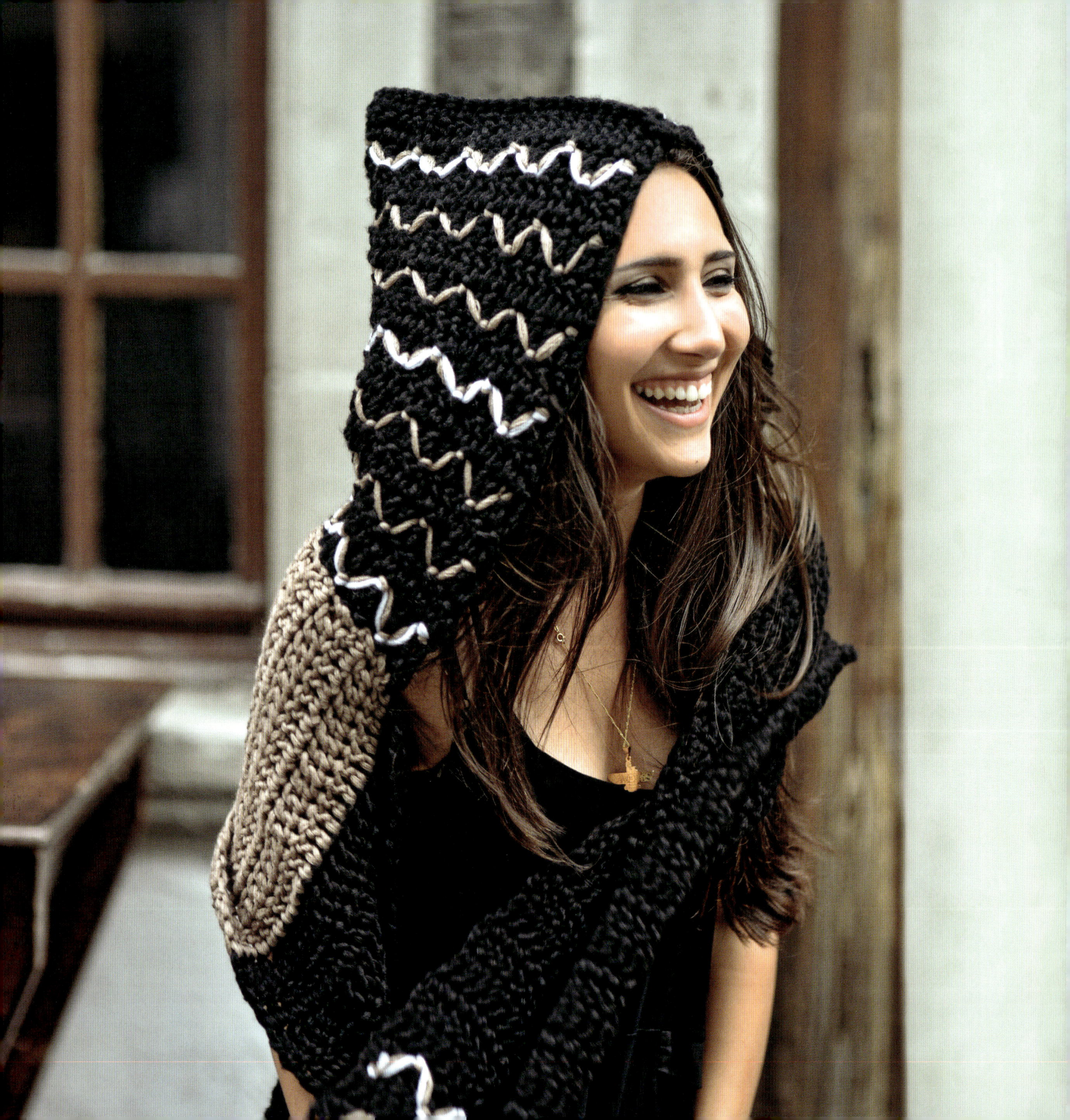

Fertig in ca. 6,5 h

Boshi meets Loop = Wohlfühlstyle!

Gujo

Der BoLoop „Gujo" wird mit einfachen Stäbchen (siehe Seite 172) und einer 10,0-mm-Häkelnadel in Hin- und Rückreihen gehäkelt. Begonnen wird die Kapuze mit dem doppelten Luftmaschenanschlag (siehe Seite 171). Am Ende wird die Kapuze mit festen Maschen (siehe Seite 171) zusammengehäkelt und der BoLoop noch mit dem Schlingenstich verziert (siehe Seite 181).

SKILLS

Maschenprobe
10 × 10 cm =
8 einfache Stäbchen × 4,5 Reihen
mit einer Häkelnadel 10,0 mm

Nadeln
Häkelnadel 10,0 mm,
Stick-/Vernähnadel

Größe
Länge ca. 220 cm (Schal)
Breite ca. 28 cm (Schal)
Höhe   ca. 34 cm (Kapuze)
Breite ca. 27 cm (Kapuze)

Material
myboshi Wolle No. 1
oder No. 3

Farbidee und Verbrauch

			No. 1	No. 3
F1	196	Schwarz	375 g	565 g
F2	172	Ocker	125 g	190 g
F3	193	Silber	15 g	25 g

Kapuze

44 doppelte Luftmaschen (siehe Seite 171) + 2 Wendeluftmaschen (siehe Seite 170) mit F 1 anschlagen. **Aufgepasst!** Am Ende einer Reihe 2 Wendeluftmaschen nicht vergessen!

Gujo Kapuze

Farbe	Reihe	Beschreibung	Maschen in Reihe
F 1	1.	in jede doppelte Luftmasche 1 einfaches Stäbchen (siehe Seite 172) häkeln	44
F 1	2.–14.	einfache Stäbchen häkeln	44

Ende der Kapuze: Auf das letzte Stäbchen noch 1 Luftmasche häkeln und den Faden hängen lassen.
Als Nächstes wie beschrieben die Kapuze an der Außenseite mit der Stickerei verzieren.

Danach die Kapuze wie folgt fertigstellen:

Damit aus dem gehäkelten Rechteck die Kapuze entsteht, das Rechteck so vor sich hinlegen, dass sich der doppelte Luftmaschenanschlag unten, die Stickerei auf der Rückseite und die letzte Schlinge links oben befinden. Anschließend das Rechteck halbieren und an der oberen Kante mit festen Maschen (siehe Seite 171) zusammenhäkeln. Dazu die linke Seite nach rechts umschlagen, somit liegen die 1. und die letzte Masche einer Reihe aufeinander. Nun liegt die letzte Schlinge auf der rechten Vorderseite. Als Nächstes die Häkelnadel durch die 1. Masche der Oberseite und durch die 1. Masche der Unterseite, also durch beide Lagen stechen und 1 feste Masche bilden. Jetzt beide Lagen mit weiteren 21 festen Maschen zusammenhäkeln. Auf die letzte feste Masche 1 Luftmasche häkeln, den Faden nach ca. 15 cm abschneiden und alle Fäden gut vernähen. Die „Naht" aus festen Maschen ist sichtbar und liegt außen.

Schal

22 Luftmaschen + 2 Wendeluftmaschen mit F 1 anschlagen. **Aufgepasst!** Am Ende einer Reihe 2 Wendeluftmaschen nicht vergessen!
Bei einem Farbwechsel werden die Wendeluftmaschen bereits mit der neuen Farbe gehäkelt.

Gujo Schal

Farbe	Reihe	Beschreibung	Maschen in Reihe
F 1	1.–36.	einfache Stäbchen häkeln	22
F 2	37.–60.	einfache Stäbchen häkeln	22
F 1	61.–96.	einfache Stäbchen häkeln	22

Ende des Schals: Auf das letzte einfache Stäbchen 1 Luftmasche häkeln, den Faden nach ca. 15 cm abschneiden und durch die Luftmasche ziehen. Anschließend die Stickerei der Kapuze auf den Schalenden wiederholen.

Verzierung mit Schlingenstich

Kapuze

Für die Verzierung der Kapuze das gehäkelte Rechteck vor sich hinlegen. Der doppelte Luftmaschenanschlag liegt unten. Anschließend für die Verzierung 7 ca. 1,5 m lange Fäden von F 2 abschneiden. Diese Fäden werden nun mit dem Schlingenstich (siehe Seite 181) über die Maschen der 1., 3., 5., 7., 9., 11. und 13. Reihe verarbeitet. Die 1., 7. und 13. Reihe anschließend zusätzlich mit je 1 Faden von F 3 verzieren und dabei die gleichen Maschenhälse wie mit F 2 verwenden.

Schal

Für die Verzierung des Schals mit dem Schlingenstich werden 14 ca. 1,5 m lange Fäden von F 2 benötigt. Diese Fäden werden wie bei der Kapuze um die Maschenhälse des einen Schalendes der 2., 4., 6., 8., 10., 12. und 14. Reihe und auf der anderen Seite der 95., 93., 91., 89., 87., 85. und 83. Reihe verarbeitet. Auch bei dem Schalende werden zusätzlich die 2., 8., 14., 95., 89. und 83. Reihe mit je 1 Faden von F 3 verziert.

Fertigstellung

Die Kapuze mit einem ca. 1 m langen Faden von F 1 auf Höhe der Reihen 37–60 an der Außenkante des Schals annähen. Zuletzt alle übrigen Fäden gut vernähen. Fertig!

Farbinspiration

F 1 194 Titangrau
F 2 193 Silber
F 3 118 Cayenne

Andere Looks

Rotkäppchen reloaded?

Nein! Und dieses Kleidungsstück gehört auch nicht in den Wald, sondern in die City – wie das geht, zeigt dir dieser Street-Style.

Casual Sporty

Like a Movie Star! Einen filmreifen Auftritt kannst du mit Gujo hinlegen.

Accessoires

City Glamour

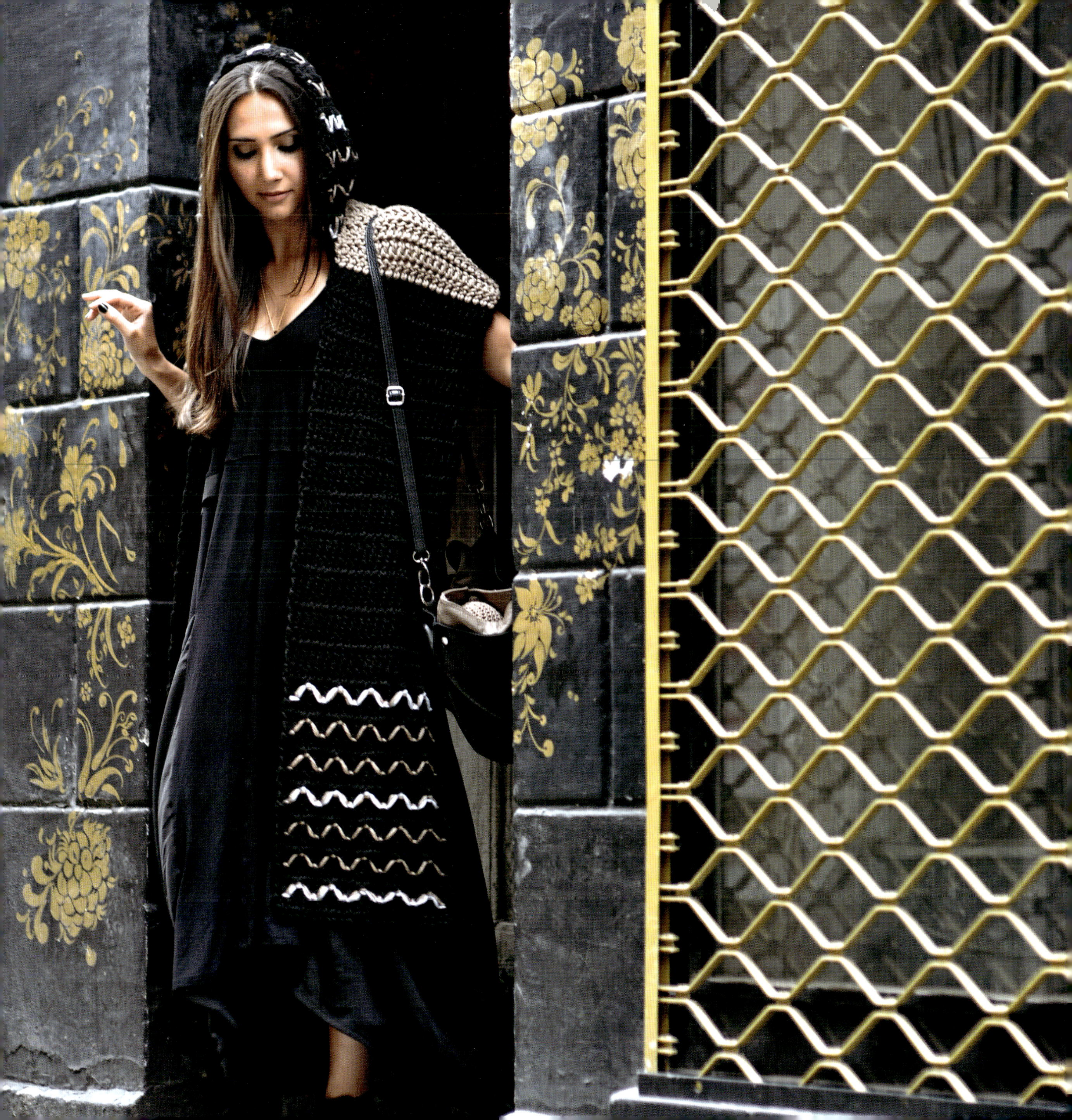

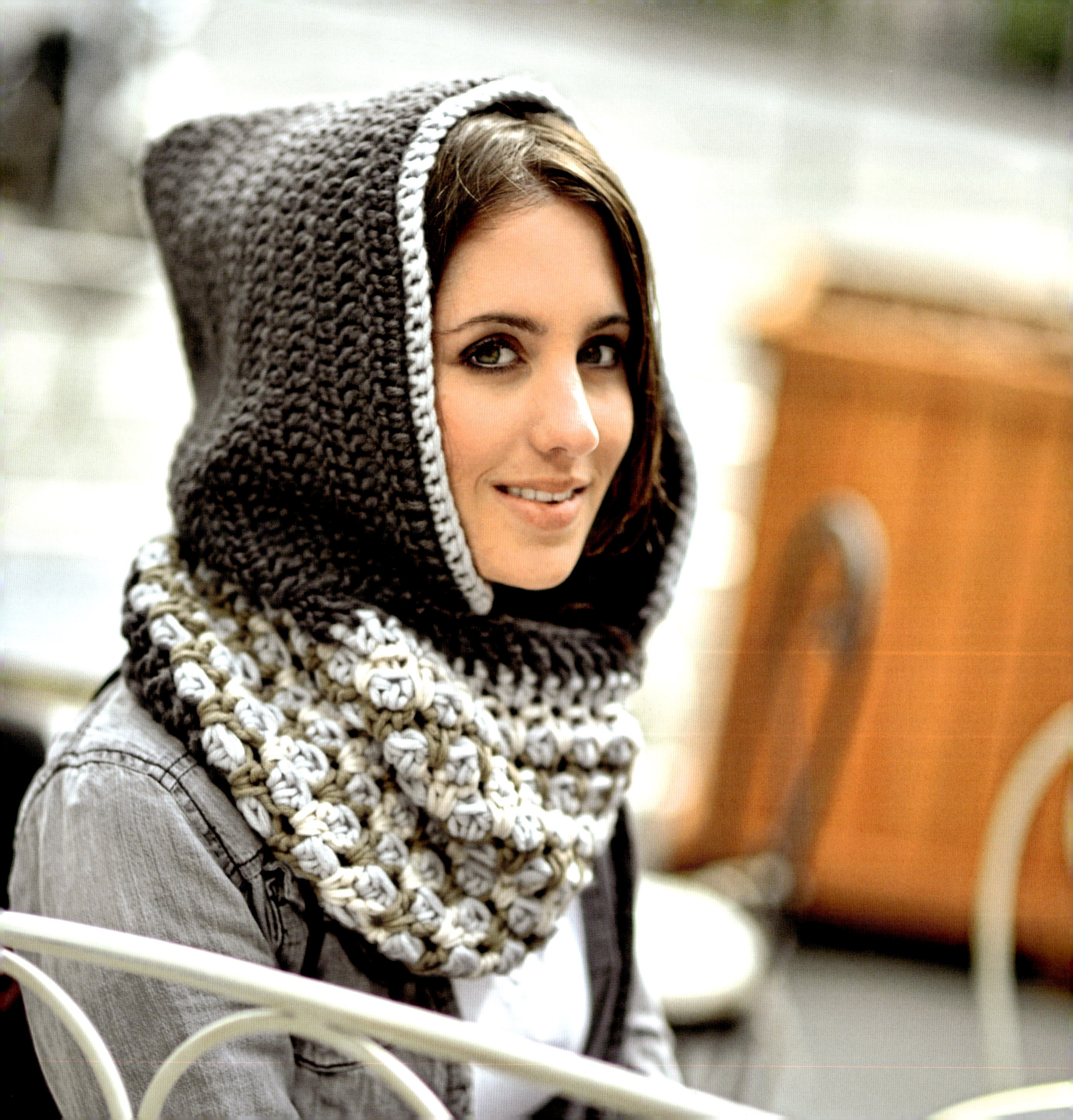

Handa

Fertig in ca. 5 h

Der kuschelig warme Eyecatcher!

Der BoLoop „Handa" wird mit Maschenbündeln V 2 aus halben Stäbchen, einfachen Stäbchen und festen Maschen gehäkelt. Den Anfang macht der doppelte Luftmaschenanschlag. Nach dem Häkeln der Kapuze und des Loops wird die Kapuze mit festen Maschen an den Loop gehäkelt (siehe Seite 166).

SKILLS

Maschenprobe
10 × 10 cm =
12 einfache Stäbchen × 5 Reihen
mit der Häkelnadel 6,0 mm

Nadeln
myboshi Häkelnadel 6,0 mm,
Häkelnadel 10,0 mm,
Stick-/Vernähnadel

Größe
Umfang   ca. 72 cm (Loop)
Höhe   ca. 30 cm (Loop)
Breite   ca. 30 cm (Kapuze)
Höhe   ca. 38 cm (Kapuze)

Material
myboshi Wolle No. 1
oder No. 3

Farbidee und Verbrauch

			No. 1	No. 3
F1	195	Anthrazit	175 g	265 g
F2	193	Silber	80 g	120 g
F3	175	Schlamm	40 g	60 g
F4	192	Elfenbein	35 g	55 g

Faden in die letzte Masche einhäkeln

Der nicht benötigte Faden kann während der letzten Masche einer Runde mit eingehäkelt werden. Das heißt, nach dem Umschlag und Einstechen in die Maschenschlinge wird der gerade nicht benötigte Faden um die Häkelnadel gelegt und mit dem Durchholen des Arbeitsfadens mit eingehäkelt.

Kapuze

Beginn an der Vorderseite der Kapuze. Mit F 1 und der 6,0-mm-Häkelnadel 64 doppelte Luftmaschen (siehe Seite 171) + 2 Wendeluftmaschen (siehe Seite 170) anschlagen. **Aufgepasst!** Am Ende einer Reihe die Wendeluftmasche nicht vergessen! Bei einfachen Stäbchen 2 Wendeluftmaschen und bei festen Maschen anschließend 1 Wendeluftmasche häkeln.

Handa Kapuze

Farbe	Reihe	Beschreibung	Maschen in Reihe
F 1	1.	in jede doppelte Luftmasche 1 einfaches Stäbchen (siehe Seite 172) arbeiten	64
F 1	2.–16.	einfache Stäbchen häkeln	64
		Ende der Kapuze: Auf das letzte Stäbchen noch 1 Luftmasche häkeln und den Faden hängen lassen.	

Damit aus dem gehäkelten Rechteck die Kapuze entsteht, das Rechteck so vor sich hinlegen, dass sich der doppelte Luftmaschenanschlag unten und die Häkelnadel mit der letzten Schlinge auf der rechten Seite befinden. Anschließend das Rechteck halbieren und an der oberen Kante mit festen Maschen (siehe Seite 171) zusammenhäkeln. Dazu die linke Seite nach rechts umschlagen, somit liegen die 1. und die letzte Masche einer Reihe aufeinander. Nun liegt die Häkelnadel mit der letzten Schlinge auf der rechten Unterseite. Als Nächstes die Häkelnadel aus der Schlinge nehmen, auf der oberen Seite durch die 1. Masche stechen, die letzte Schlinge mit der Häkelnadel auf die Oberseite holen, in die nächste Einstichstelle durch beide Lagen stechen und 1 feste Masche bilden. Jetzt beide Lagen mit 31 festen Maschen zusammenhäkeln. Auf die letzte feste Masche 1 Luftmasche häkeln und den Faden nach ca. 15 cm abschneiden. Die „Naht" aus festen Maschen ist sichtbar und liegt außen.

Nun die doppelte Luftmaschenkante der Kapuze mit festen Maschen in F 2 verzieren. Dazu in die 1. doppelte Luftmasche stechen, den Faden von F 2 durchholen, 1 Luftmasche häkeln und in der gleichen Einstichstelle mit den festen Maschen beginnen. Am Ende der 64 festen Maschen noch 1 Luftmasche häkeln, den Faden von F 2 nach ca. 15 cm abschneiden und durch die Luftmasche ziehen. Anschließend alle Fäden der Kapuze gut vernähen.

Loop

Anfangsring mit 48 doppelten Luftmaschen, der 10,0-mm-Häkelnadel und F 1. Beginn am unteren Rand des Loops. Runden werden geschlossen (siehe Seite 177). **Aufgepasst!** Mit Ausnahme von F 1 die Fäden der übrigen Farben F 2, F 3 und F 4 nicht nach jedem Farbwechsel abschneiden, sondern mitführen und in die letzte Masche einer Runde einhäkeln (siehe oben).
Fortan wird nun mit einfachen Stäbchen gearbeitet, die hier als „Stäbchen" bezeichnet werden.

Handa Loop

Farbe	Runde	Beschreibung	Maschen in Runde
F 1	1.	in jede doppelte Luftmasche 1 Stäbchen häkeln	48
F 2	2.	(1 Maschenbündel V 2 (siehe Seite 176) häkeln, 1 Einstichstelle auslassen) Klammer 23-mal wiederholen	24
F 3	3.	(1 Maschenbündel V 2 in die ausgelassene Einstichstelle aus der 1. Rd häkeln) Klammer 23-mal wiederholen	24

F 2	4.	(1 Maschenbündel V 2 in das 1. halbe Stäbchen des Maschenbündels der 3. Rd häkeln) Klammer 23-mal wiederholen	24
F 4	5.	(1 Maschenbündel V 2 in das 2. halbe Stäbchen des Maschenbündels der 3. Rd häkeln) Klammer 23-mal wiederholen	24
		Aufgepasst! Zur 6.–21. Runde: In diesen Runden werden die letzten 4 Runden stets wiederholt, jedoch verändern sich die Einstichstellen der Maschenbündel von Runde zu Runde. Alle Runden mit F 2 immer in die Vorrunde häkeln. Alle Runden mit F 3 1 Runde tiefer in die Runden mit F 4 und die Runden mit F 4 in die Runden mit F 3 häkeln.	
F 2+F 3+ F 4	6.–21.	2.–5. Rd 4-mal wiederholen	24
		Aufgepasst! Nun die Fäden von F 3 + F 4 nach ca. 15 cm abschneiden.	
F 2	22.	(1 Maschenbündel V 2 in das 1. halbe Stäbchen des Maschenbündels der 21. Rd häkeln) Klammer 23-mal wiederholen	24
		Aufgepasst! Nun den Faden von F 2 nach ca. 15 cm abschneiden.	
F 1	23.	in jedes halbe Stäbchen eines Maschenbündels 1 Stäbchen häkeln	48
F 1	24.	feste Maschen häkeln	48
		Ende des Loops: Den Faden von F 1 nach ca. 15 cm abschneiden, durch die Luftmasche ziehen und alle Fäden der 4 Farben gut vernähen.	

Fertigstellung

Zuerst beide Teile flach vor sich hinlegen, sodass bei der Kapuze die „Naht" rechts und die mit F 2 verzierte Kante links liegt. Beim Loop zeigt die Naht ebenfalls nach rechts, die 24. Runde befindet sich oben und an dieser Runde wird die Kapuze auch angenäht. Beide Teile liegen übereinander, die Kapuze oben und der Loop darunter. Jetzt mit Stecknadeln die „Naht" der Kapuze bündig und beginnend an der Naht des Loops feststecken und mit einem ca. 1,5 m langen Faden von F 1 eine Seite der Kapuze annähen. Anschließend den BoLoop wenden und die andere Seite der Kapuze genauso annähen. Dabei jedoch darauf achten, dass zwischen der hinteren Naht der Kapuze und dem Loop kein Loch entsteht. Es bleiben ca. 7 feste Maschen des Loops übrig, die nicht mit der Kapuze verbunden werden. Fertig!

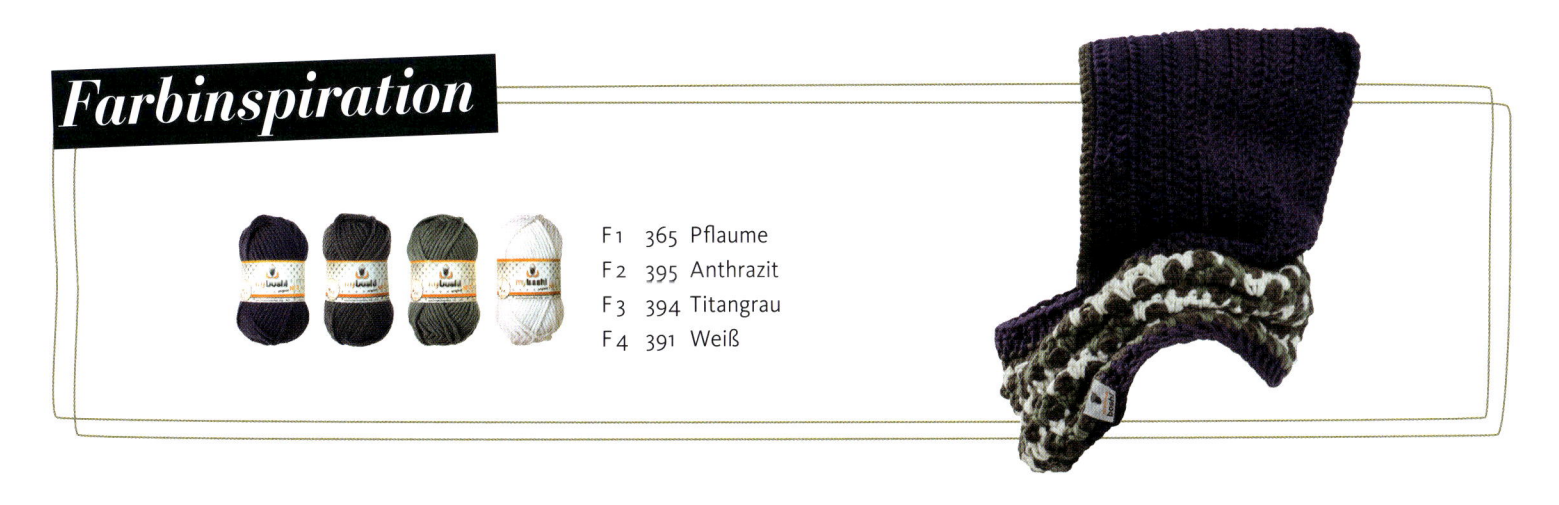

Farbinspiration

F 1 365 Pflaume
F 2 395 Anthrazit
F 3 394 Titangrau
F 4 391 Weiß

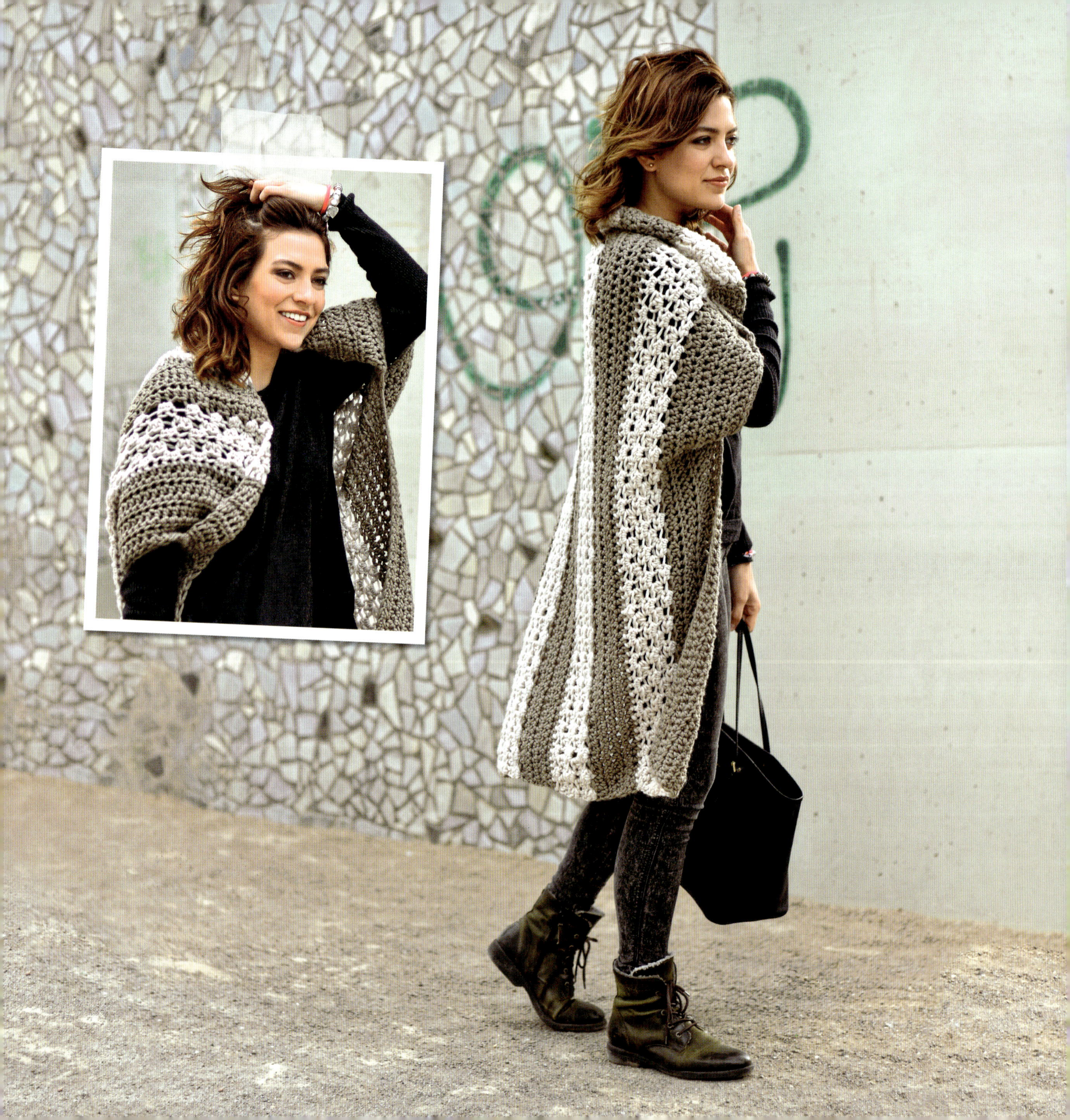

Fertig in ca. 6 h

Shimada

Peppt jedes Outfit auf!

Die Häkelweste „Shimada" wird mit halben Stäbchen (siehe Seite 172) in Hin- und Rückreihen zu einem Rechteck gehäkelt. Ihren besonderen Effekt erhält die Weste durch Maschenbündel V 3 (siehe Seite 176) mit 3 halben Stäbchen. Zum Schluss wird das Gehäkelte aufeinandergelegt und zusammengenäht, sodass die Form der Weste entsteht.

SKILLS

Maschenprobe
10 × 10 cm =
8 halbe Stäbchen × 7 Reihen
mit einer Häkelnadel 10,0 mm

Nadeln
Häkelnadel 10,0 mm,
Stick-/Vernähnadel

Größe
Breite ca. 96 cm, Länge ca. 76 cm
Umfang Armloch ca. 32 cm
(Größe 36/38)

Material
myboshi Wolle No. 1
oder No. 3

Farbidee und Verbrauch

			No. 1	No. 3
F1	175	Schlamm	350 g	525 g
F2	192	Elfenbein	220 g	330 g

Beginn am späteren Kragen der Weste

79 Luftmaschen + 1 Wendeluftmasche (siehe Seite 170) mit F 1 anschlagen. **Aufgepasst!** Am Ende jeder Reihe 1 Wendeluftmasche nicht vergessen!

Shimada

Farbe	Reihe	Beschreibung	Maschen in Reihe
F 1	1.	in jede Luftmasche 1 halbes Stäbchen (siehe Seite 172) häkeln	79
F 1	2.–8.	halbe Stäbchen häkeln	79
F 2	9.	(1 Maschenbündel V 3 (siehe Seite 176) häkeln, die nächsten 2 Einstichstellen auslassen) Klammer 25-mal wiederholen, 1 Maschenbündel V 3 häkeln	27
F 2	10.	(2 halbe Stäbchen eines Maschenbündels auslassen und in das 3. halbe Stäbchen des Maschenbündels der Vorreihe 1 Maschenbündel V 3 häkeln) Klammer 25-mal wiederholen, in das letzte halbe Stäbchen der Vorreihe 1 halbes Stäbchen häkeln	26/ 1 halbes Stäbchen
F 2	11.	in das einzelne halbe Stäbchen 1 Maschenbündel V 3 häkeln, (die nächsten 2 Einstichstellen auslassen und in das 3. halbe Stäbchen des Maschenbündels der Vorreihe 1 Maschenbündel V 3 häkeln) Klammer 25-mal wiederholen	27
F 2	12. + 13.	10. + 11. R wiederholen	
F 1	14.	in jedes halbe Stäbchen des Maschenbündels der Vorreihe 1 halbes Stäbchen häkeln	81
F 1	15.–17.	halbe Stäbchen häkeln	81
F 1	18.	immer 38 halbe Stäbchen häkeln, 39. + 40. halbes Stäbchen zusammen abmaschen (siehe Seite 178)	79
F 2 + F 1	19.–48.	9.–18. R noch 3-mal wiederholen	
F 1	49.–51.	halbe Stäbchen häkeln	79

Ende an der unteren Kante der Weste: Auf das letzte halbe Stäbchen 1 Luftmasche häkeln, den Faden nach ca. 15 cm abschneiden und durch die Luftmasche ziehen. Anschließend alle Fäden gut vernähen.

Fertigstellung

Das Gehäkelte nun so vor sich hinlegen, dass eine der kurzen Seiten des Rechtecks nach unten zeigt und die langen Seiten rechts und links liegen. Nun den oberen Teil des Rechtecks ca. 34 cm nach unten umschlagen (siehe Skizze A). Die rechten und linken äußeren Kanten liegen jetzt aufeinander und die entstandenen Öffnungen rechts und links dienen später als Armloch. Nun von der Bruchkante aus ca. 15 cm nach unten abmessen und anschließend die beiden Lagen auf einer Länge von ca. 5 cm aneinandernähen. Nach dieser Naht werden die restlichen 14 cm wieder nach oben als Kragen umgeschlagen und an der oberen der beiden Lagen festgenäht (siehe Skizze B).

Tipp: Wer möchte, kann die beiden Lagen mit Stecknadeln fixieren und sich damit das Aneinandernähen erleichtern.

Das Ganze für den 2. Ärmel wiederholen.

Um die Schulterteile der Weste etwas in Form zu bringen, werden oben nach dem Kragen Teile der Weste zusammengerafft. Dazu den Kragen der Weste nach oben umschlagen und die an der Bruchkante liegenden Maschenbündel folgender Reihen aneinandernähen: zum einen die Maschenbündel der 19. + 23. Reihe und zum anderen die Maschenbündel der 29. + 33. Reihe. Anschließend den Kragen wieder nach unten umklappen. Somit liegen die beiden gerafften Stellen versteckt unter dem Kragen. Fertig ist die schicke Weste!

Tipp: Das Armloch kann nach Wunsch verkleinert oder vergrößert werden, indem die Länge des Umschlags verkleinert oder vergrößert wird. Auch die Länge der Weste ist variabel. Ist eine kürzere Variante gewünscht, müssen zu Beginn weniger Luftmaschen angeschlagen werden.

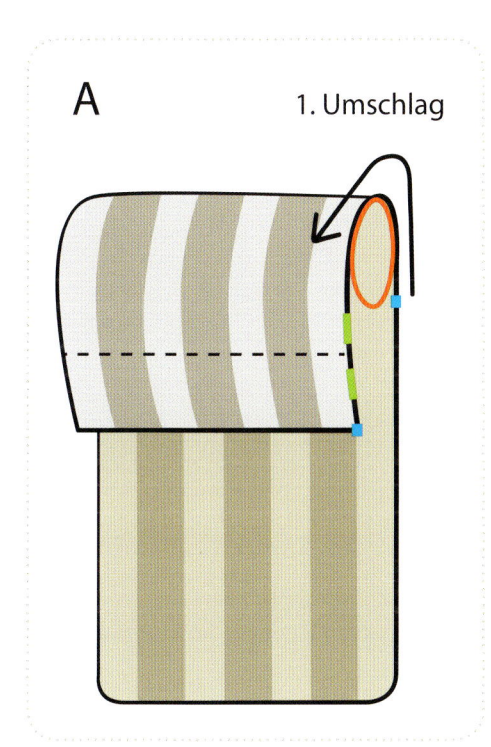

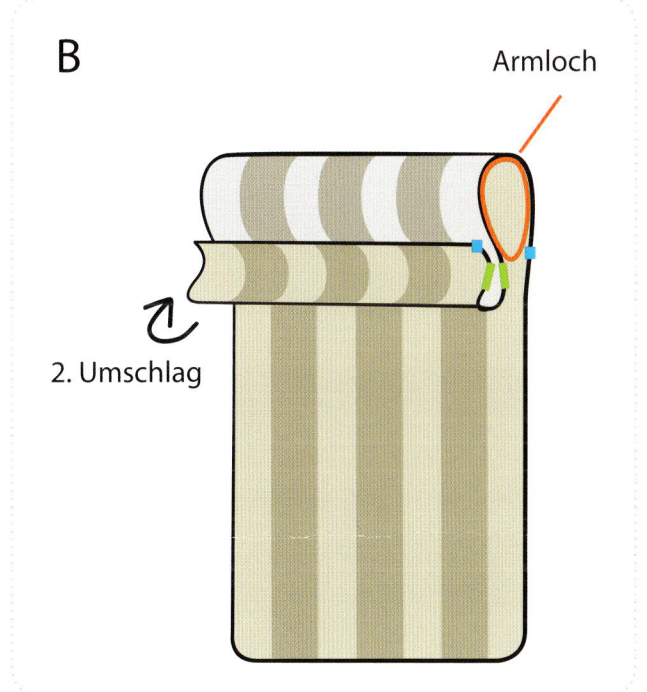

A — 1. Umschlag

B — Armloch — 2. Umschlag

Grüne Flächen aufeinanderlegen und zusammennähen, danach blaue Punkte aufeinanderlegen und ebenfalls zusammennähen.

Farbinspiration

F1 395 Anthrazit
F2 365 Pflaume

Andere Looks
Wild, wild West(e)

Eyecatcher Weste: Um ihr nicht die Show zu stehlen, kombinieren wir sie mit Schwarz.

Party

Accessoires

City, Restaurant oder Treffen mit den Mädels – alles geht!

City Chic

Accessoires

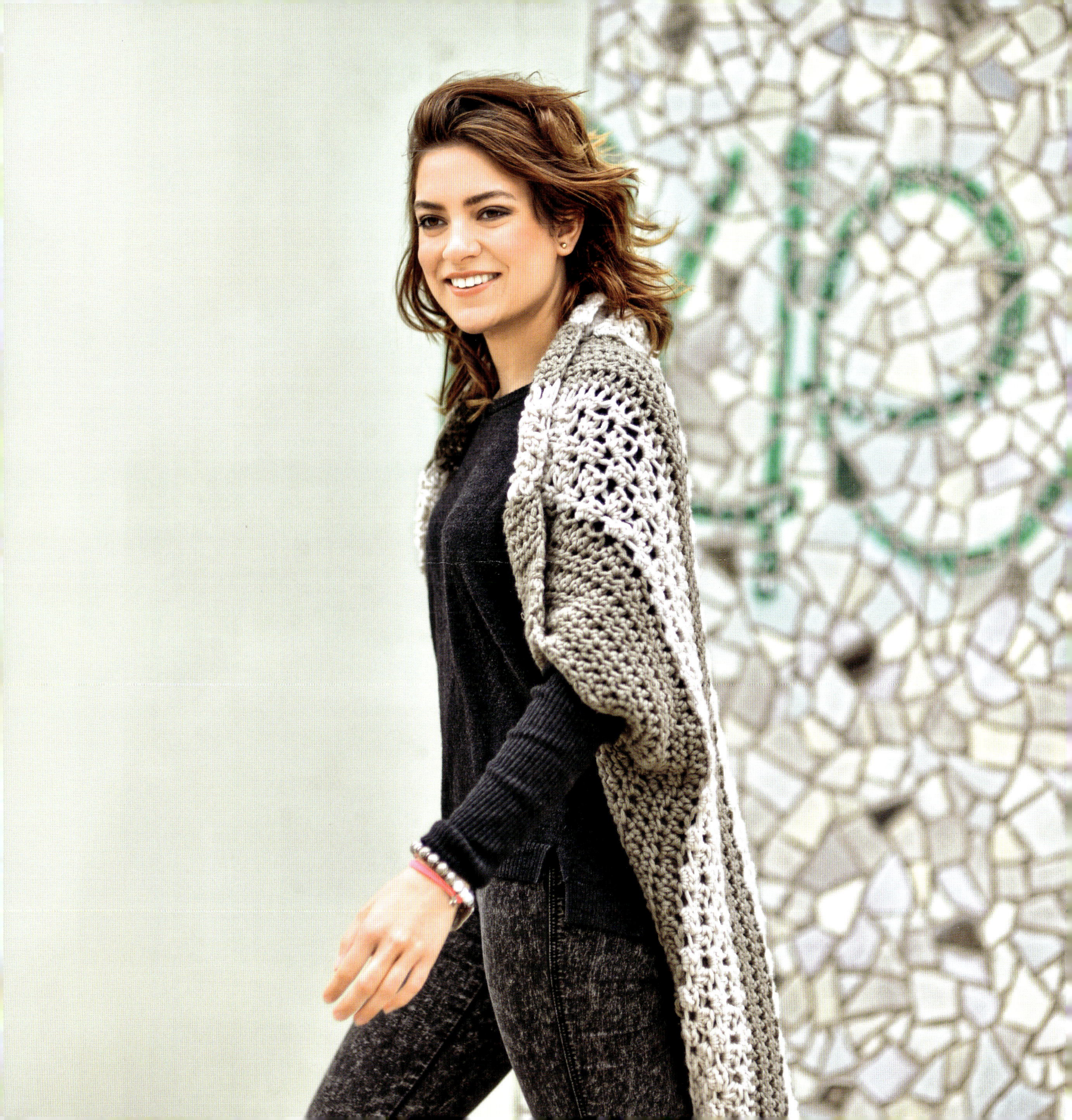

Kreativer Haar- und Kopfschmuck ...

... ist ein stylishes i-Tüpfelchen für dein Outfit. Ob sportlich oder klassisch chic, ob schmal oder breit: Hier findest du garantiert dein passendes Modell – für den Weg ins Büro oder den Ausflug in die Stadt. Mit unseren Haar- und Stirnbändern kreierst du perfekte Frisurvariationen für jeden Anlass.

Stirn- und Haarbänder

Peppiger Look für dein Haar

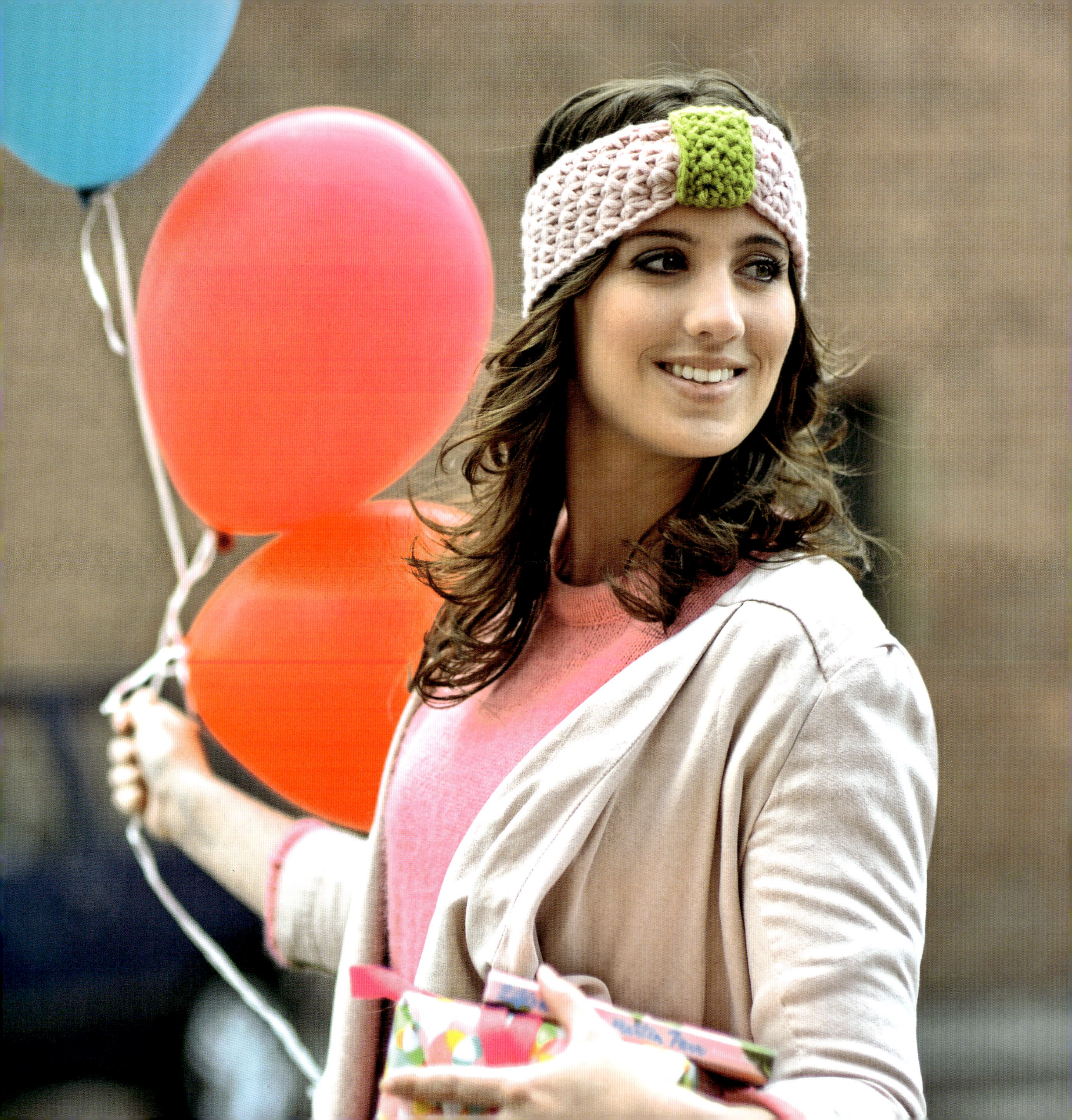

Fertig in ca. **2 h**

Sennan

Verspielt mit Blumenmuster!

Das Stirnband „Sennan" beginnt mit dem doppelten Luftmaschenanschlag (siehe Seite 171). Anschließend werden mehrere Runden mit dem Margeritenmuster Variante 2 (siehe Seiten 174–175) gehäkelt. Am Ende ziert ein breites Band aus festen Maschen (siehe Seite 171) die Mitte des Stirnbands.

SKILLS

Maschenprobe
10 × 10 cm =
12 feste Maschen × 12 Reihen

Nadeln
myboshi Häkelnadel 6,0 mm,
Stick-/Vernähnadel

Kopfumfang
Größe M 52–56 cm
Größe L 57–60 cm
Breite ca. 8 cm

Material
myboshi Wolle No. 1
oder No. 3

Farbidee und Verbrauch

		No. 1	No. 3
F 1	142 Rose	40 g	60 g
F 2	128 Palme	10 g	15 g

Anfangsring gilt für beide Größen (siehe Seite 170). Beginn mit F1 und 50 doppelten Luftmaschen (siehe Seite 171). Runden werden in der Schnecke gehäkelt (siehe Seite 175). **Tipp:** Bei dem Stirnband können die Runden auch geschlossen werden (siehe Seite 175). Für das Stirnband wird das **Margeritenmuster der Variante 2** verwendet.

Sennan für Größe M

Farbe	Runde	Beschreibung	Margeriten in Runde
F1	1.	1. Rd im Margeritenmuster (siehe Seiten 174–175) häkeln	25
F1	2.–6.	2. Rd im Margeritenmuster häkeln	25
		Aufgepasst! Die 6. Runde in der 1. Schlinge der 1. Margerite mit 1 Kettmasche (siehe Seite 169) schließen. Danach 1 Luftmasche häkeln.	
		Ende des Stirnbands (gilt für beide Größen): Die letzte Runde mit 1 Kettmasche in der nächsten Einstichstelle schließen, 1 Luftmasche häkeln, den Faden nach ca. 15 cm abschneiden und durch die Luftmasche ziehen. Alle Fäden gut vernähen.	

Anfangsring mit 54 doppelten Luftmaschen in F1.

Sennan für Größe L

Farbe	Runde	Beschreibung	Margeriten in Runde
F1	1.	1. Rd im Margeritenmuster häkeln	27
F1	2.–6.	2. Rd im Margeritenmuster häkeln	27
		Aufgepasst! Die 6. Runde in der 1. Schlinge der 1. Margerite mit 1 Kettmasche schließen. Danach 1 Luftmasche häkeln.	

Das Raffband wird um das Stirnband gelegt und erst **dann** zu einer Runde geschlossen! Alle weiteren Runden werden danach in der Schnecke gehäkelt. 12 Luftmaschen mit F2 anschlagen.

Sennan Raffband

Farbe	Runde	Beschreibung	Maschen in Runde
F2	1.	in jede Luftmasche 1 feste Masche (siehe Seite 171) häkeln	12
F2	2.–6.	feste Maschen häkeln	12
		Ende des Raffbands: Die 6. Runde mit 1 Kettmasche in der nächsten Einstichstelle beenden, den Faden nach ca. 15 cm abschneiden und durch die Kettmasche ziehen.	

Fertigstellung

Alle übrigen Fäden gut vernähen. Fertig!

Farbinspiration

F1 175 Schlamm
F2 195 Anthrazit

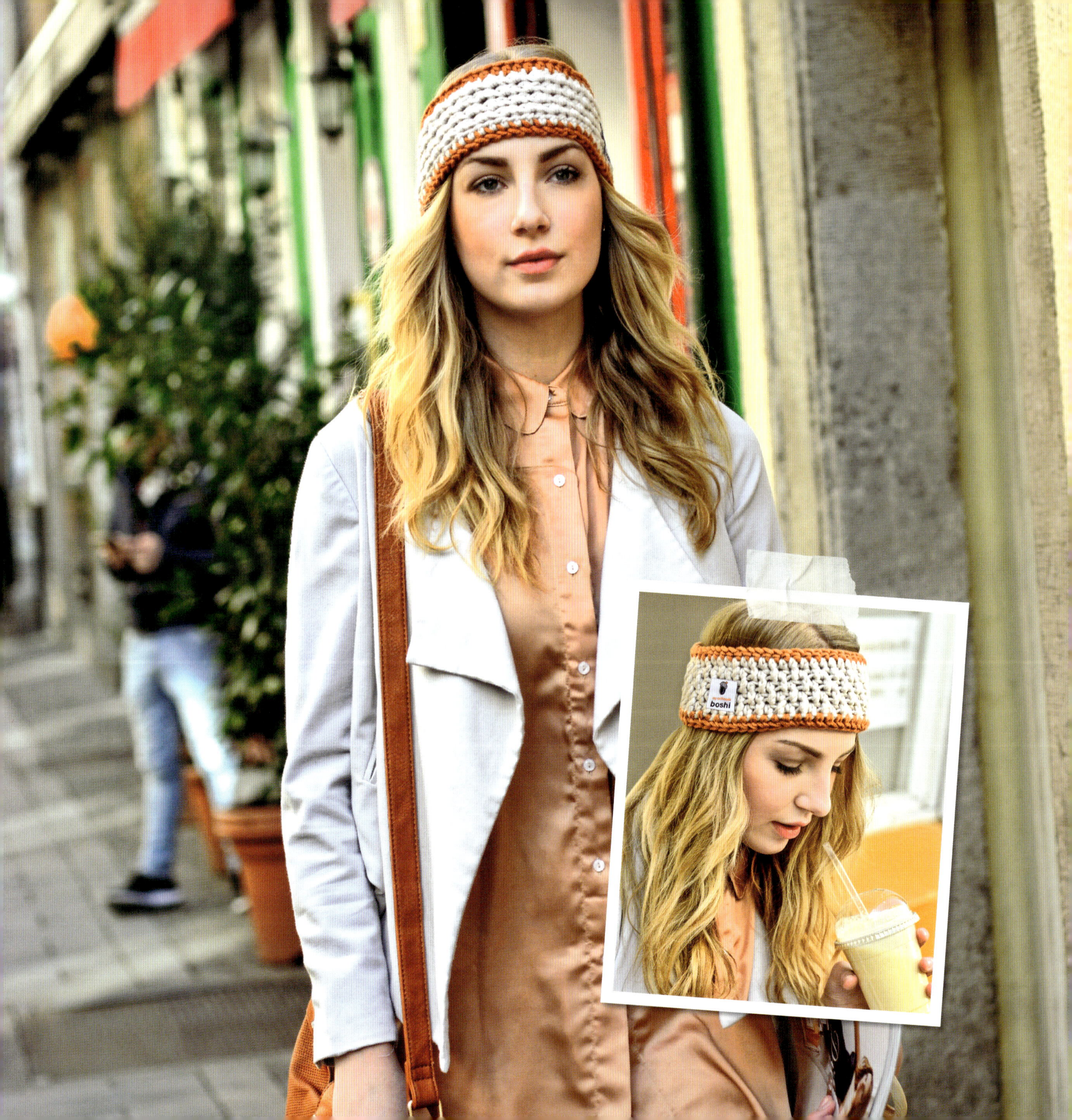
boshi

Fertig in ca. 2 h

Shinshiro

Keine Chance für kalten Wind!

Das Stirnband „Shinshiro" beginnt mit dem doppelten Luftmaschenanschlag. Danach wechseln sich halbe Stäbchen und von hinten eingestochene halbe Stäbchen ab. Die 1. Variante wird 1-farbig gehäkelt und am Ende mit Kettmaschen verziert. Während die 2. Variante 2-farbig gehäkelt wird (siehe Seite 166).

SKILLS

Maschenprobe
10 × 10 cm =
12 halbe Stäbchen × 8 Reihen

Nadeln
myboshi Häkelnadel 6,0 mm,
Stick-/Vernähnadel

Kopfumfang
Größe M 52–56 cm
Größe L 57–60 cm
Breite ca. 8 cm

Material
myboshi Wolle No. 1
oder No. 3

Farbidee und Verbrauch

			No. 1	No. 3
Variante 1				
F 1	192	Elfenbein	40 g	60 g
F 2	173	Karamell	5 g	10 g
Variante 2				
F 1	195	Anthrazit	30 g	45 g
F 2	153	Ozeanblau	10 g	15 g

Variante 1

Anfangsring gilt für beide Größen und beide Varianten (siehe Seite 170). Beginn mit F 1 und 50 doppelten Luftmaschen (siehe Seite 171). Runden werden in der Anfangsluftmasche geschlossen (siehe Seite 177).

Fortan wird nun mit halben Stäbchen (siehe Seite 172) gearbeitet, die hier als „Maschen" bezeichnet werden. Alle anderen Maschenarten werden genau bezeichnet.

Shinshiro für Größe M

Farbe	Runde	Beschreibung	Maschen in Runde
F 1	1.	in jede doppelte Luftmasche 1 Masche häkeln	50
F 1	2.	(abwechselnd 1 Masche und 1 von hinten eingestochenes halbes Stäbchen (siehe Seite 173) häkeln) Klammer 24-mal wiederholen	50
F 1	3.	(abwechselnd 1 von hinten eingestochenes halbes Stäbchen und 1 Masche häkeln) Klammer 24-mal wiederholen	50
F 1	4. + 5.	2. + 3. Rd wiederholen	50
F 1	6.	jede Masche einfach häkeln	50
F 2	7.	Kettmaschen (siehe Seite 169) um die Maschenhälse der 6. Rd häkeln	50
		Ende des Stirnbands (gilt für beide Größen): Auf die letzte Kettmasche noch 1 Luftmasche häkeln, den Faden nach ca. 15 cm abschneiden und durch die Luftmasche ziehen. Alle Fäden gut vernähen. Anschließend das Stirnband mit F 2 verzieren.	

Anfangsring mit F 1 und 54 doppelten Luftmaschen. Runden werden geschlossen.

Shinshiro für Größe L

Farbe	Runde	Beschreibung	Maschen in Runde
F 1	1.	in jede doppelte Luftmasche 1 Masche häkeln	54
F 1	2.	(abwechselnd 1 Masche einfach und 1 von hinten eingestochenes halbes Stäbchen häkeln) Klammer 26-mal wiederholen	54
F 1	3.	(abwechselnd 1 von hinten eingestochenes halbes Stäbchen und 1 Masche häkeln) Klammer 26-mal wiederholen	54
F 1	4. + 5.	2. + 3. Rd wiederholen	54
F 1	6.	jede Masche einfach häkeln	54
F 2	7.	Kettmaschen um die Maschenhälse der 6. Rd häkeln	54

Verzierung des Stirnbands

Die 1. Variante wird an beiden Seiten mit Kettmaschen verziert. Dazu das Stirnband so vor sich hinlegen, dass die 7. Runde nach unten zeigt. Nun in den doppelten Luftmaschenanschlag am Übergang zur 1. Runde einstechen, den Faden von F 2 durchholen, 1 Luftmasche und anschließend erneut Kettmaschen häkeln. Am Ende die Runde schließen, 1 Luftmasche häkeln, den Faden nach ca. 15 cm abschneiden und durch die Luftmasche ziehen.

Variante 2
Anfangsring mit F 2 und 50 doppelten Luftmaschen. Runden werden geschlossen (siehe Seite 177).

Shinshiro für Größe M

Farbe	Runde	Beschreibung	Maschen in Runde
F 1	1.	in jede doppelte Luftmasche 1 Masche häkeln	50
F 1	2.	(abwechselnd 1 Masche und 1 von hinten eingestochenes halbes Stäbchen häkeln) Klammer 24-mal wiederholen	50
F 1	3.	(abwechselnd 1 von hinten eingestochenes halbes Stäbchen und 1 Masche häkeln) Klammer 24-mal wiederholen	50
F 1	4. + 5.	2. + 3. Rd wiederholen	50
F 2	6.	jede Masche einfach häkeln	50

Ende des Stirnbands (gilt für beide Größen): Den Faden nach ca. 15 cm abschneiden und durch die Luftmasche ziehen. Alle Fäden gut vernähen.

Anfangsring mit F 2 und 54 doppelten Luftmaschen. Runden werden geschlossen.

Shinshiro für Größe L

Farbe	Runde	Beschreibung	Maschen in Runde
F 1	1.	in jede doppelte Luftmasche 1 Masche häkeln	54
F 1	2.	(abwechselnd 1 Masche und 1 von hinten eingestochenes halbes Stäbchen häkeln) Klammer 26-mal wiederholen	54
F 1	3.	(abwechselnd 1 von hinten eingestochenes halbes Stäbchen und 1 Masche häkeln) Klammer 26-mal wiederholen	54
F 1	4. + 5.	2. + 3. Rd wiederholen	54
F 2	6.	jede Masche einfach häkeln	54

Fertigstellung

Alle übrigen Fäden gut vernähen. Fertig!

Farbinspiration

F 1   395   Anthrazit
F 2   357   Blaubeere

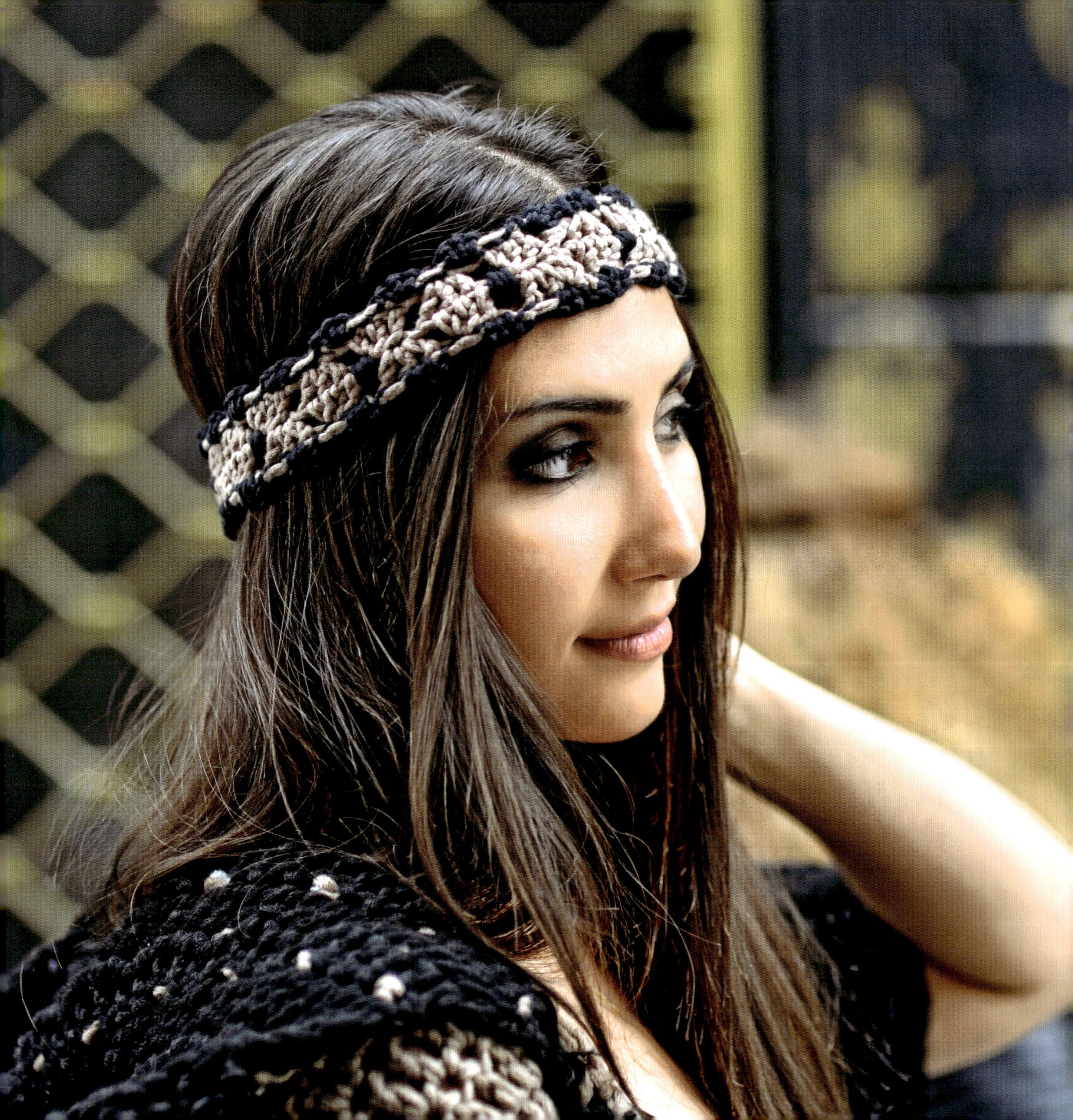

Hida

Setzt Akzente mit Rüschen und Punkten!

Freddi, das Erdmännchen ...
... auf dem Foto oben, findest du im Buch „Der kleine Löwe Henri und seine gehäkelten Freunde" auf Seite 46 zum Nachhäkeln.

Das Haarband „Hida" beginnt mit einem doppelten Luftmaschenanschlag und wird mit Maschenbündeln V5 aus einfachen Stäbchen und Büschelmaschen aus einfachen Stäbchen gehäkelt. Den Rand oben und unten zieren Maschenbündel V1 aus festen Maschen. Als Akzente sind in bestimmten Abständen „Pünktchen" auf das Haarband gestickt (siehe Seite 166).

Fertig in ca. 1 h

SKILLS

Maschenprobe
10 × 10 cm =
14 einfache Stäbchen × 8 Reihen

Nadeln
myboshi Häkelnadel 4,5 mm,
Stick-/Vernähnadel

Kopfumfang
Größe M 52–56 cm
Größe L 57–60 cm

Material
myboshi Wolle No. 5

Farbidee und Verbrauch

		No. 5
F1	572 Ocker	15 g
F2	596 Schwarz	10 g

Anfangsring gilt für beide Größen (siehe Seite 170). Beginn mit F 1 und 60 doppelten Luftmaschen (siehe Seite 171). Runden werden geschlossen (siehe Seite 177).

Hida für Größe M

Farbe	Runde	Beschreibung	Maschenbündel/ Büschelmaschen in Runde
F 1	1.	(1 Büschelmasche (siehe Seite 176) + 1 Luftmasche häkeln, 1 Einstichstelle auslassen, 1 Maschenbündel V 5 (siehe Seite 176) + 1 Luftmasche häkeln, 1 Einstichstelle auslassen) Klammer 9-mal wiederholen, die Runde in der 2. Anfangsluftmasche schließen	20
		Aufgepasst! Zur 2. Runde: Das Maschenbündel liegt immer schräg vor der Büschelmasche der Vorrunde.	
F 1	2.	in der gleichen Einstichstelle wie die Kett- und Luftmaschen beginnen mit (1 Maschenbündel V 5 + 1 Luftmasche häkeln, 1 Büschelmasche häkeln und dazu in der Luftmasche der Vorrunde mit dem 1. einfachen Stäbchen der Büschelmasche beginnen + 1 Luftmasche häkeln) Klammer 9-mal wiederholen, die Runde in dem 1. Stäbchen der Vorrunde mit 1 Kettmasche (siehe Seite 177) schließen	20
F 2	3.	1 Luftmasche häkeln, **wenden** und anschließend in die entgegengesetzte Häkelrichtung (1 Maschenbündel V 1 (siehe Seite 176) in die Luftmasche nach der Büschelmasche, 2 Kettmaschen, 1 Maschenbündel V 1 in das 2. Stäbchen des Maschenbündels der Vorrunde und 2 Kettmaschen häkeln) Klammer 9-mal wiederholen	20
		Aufgepasst! Zur 3. Runde: Die letzten beiden Kettmaschen dieser Runde entfallen.	
		Ende des Haarbands: Den Faden von F 2 nach ca. 15 cm abschneiden und die Fäden des Haarbands gut vernähen. Anschließend das Haarband wenden und zum doppelten Luftmaschenanschlag zurückkehren. Beim Rundenschluss in 1 Einstichstelle stechen, den Faden von F 2 durchholen und 1 Luftmasche häkeln. Jetzt die 3. Runde wiederholen. Auch hier entfallen die letzten beiden Kettmaschen.	
		Aufgepasst! Die Maschen sollten in dieser Runde mit der gleichen Maschenseite nach oben zeigen wie in der 3. Runde.	

Hida für Größe L

Anfangsring mit 66 doppelten Luftmaschen in F 1. Runden werden geschlossen. **Für Größe L** einfach 66 doppelte Luftmaschen anschlagen und wie Größe M häkeln. Das Einzige, was sich ändert: die Klammern in der 1., 2. und 3. Runde werden jeweils 11-mal gehäkelt.

Fertigstellung

Für die Verzierung mit gestickten Punkten zuerst 10 Fäden à 30 cm von F 2 abschneiden. Jetzt mit jeweils 1 Faden und der Vernähnadel 1 Punkt um die Luftmasche der 2. Runde sticken. Dazu den Faden ca. 5-mal um diese Luftmasche wickeln. Den Vorgang bei jeder 2. Luftmasche wiederholen. Anschließend die Fäden der Punkte gut vernähen oder zusammenknoten und alle übrigen Fäden gut vernähen. Fertig!

Farbinspiration

F1 571 Beige
F2 539 Himbeere

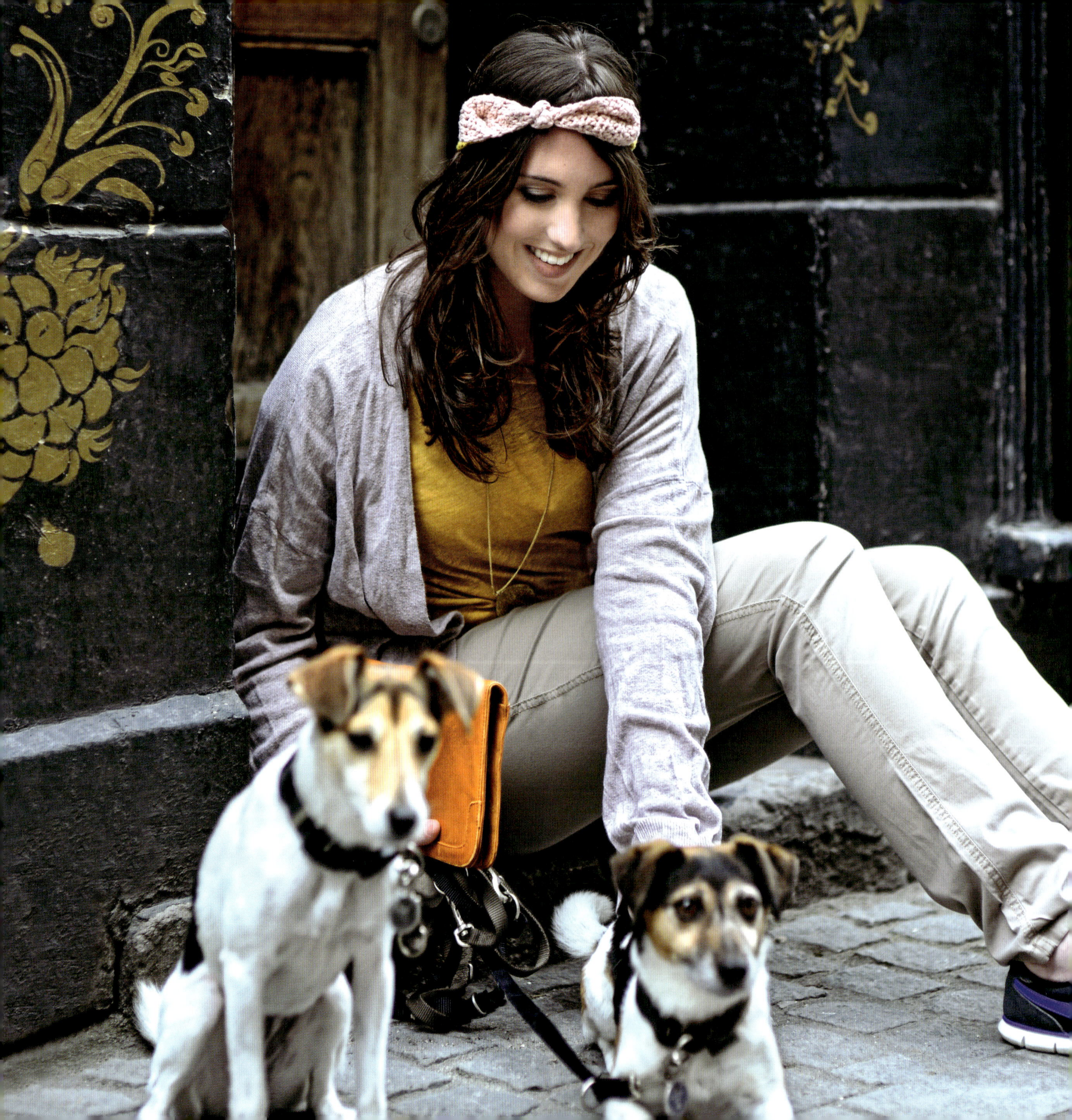

Fertig in ca. 1h

Hakui

Das i-Tüpfelchen für dein Outfit!

Das Haarband „Hakui" besteht aus 5 Teilen, die mit halben Stäbchen (siehe Seite 172) in einem Stück gehäkelt und am Ende nach dem Zusammenknoten des Bandes mit festen Maschen (siehe Seite 171) verziert werden. Der 2. und der 4. Teil des fertigen Haarbands werden am Schluss zusammengebunden.

SKILLS

Maschenprobe
10 × 10 cm =
14 halbe Stäbchen × 12 Reihen

Nadeln
myboshi Häkelnadel 4,5 mm,
Stick-/Vernähnadel

Kopfumfang
Größe M 52–56 cm
Größe L 57–60 cm

Material
myboshi Wolle No. 5

Farbidee und Verbrauch

			No. 5
F1	542	Rose	15 g
F2	511	Curry	5 g

Aufgepasst! Alle 5 Teile werden **in einem Stück** gehäkelt. Damit das Zählen der einzelnen Reihen leichterfällt, werden diese Teile einzeln aufgeführt.

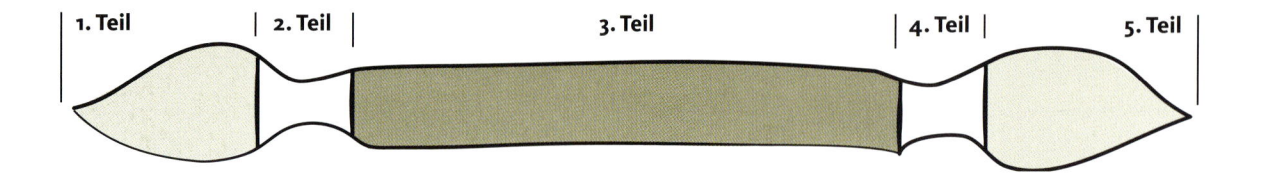

| 1. Teil | 2. Teil | 3. Teil | 4. Teil | 5. Teil |

1. Teil

Beginn mit dem 1. Teil des Haarbands an der Schleife. Dieser 1. Teil ist bei beiden Größen gleich.

2 Luftmaschen + 1 Wendeluftmasche (siehe Seite 170) mit F1 anschlagen. **Aufgepasst!** Am Ende einer Reihe 1 Wendeluftmasche nicht vergessen!

Fortan wird nun mit halben Stäbchen (siehe Seite 172) gearbeitet, die hier als „Maschen" bezeichnet werden.

Hakui 1. Teil

Farbe	Reihe	Beschreibung	Maschen in Reihe
F1	1.	in jede Luftmasche 1 Masche häkeln	2
F1	2.	jede Masche doppeln, also 2 Maschen in 1 Einstichstelle arbeiten	4
F1	3.	die 2. + 3. Masche doppeln, alle übrigen Maschen einfach häkeln	6
F1	4.	die 3. + 4. Masche doppeln, alle übrigen Maschen einfach häkeln	8
F1	5.	jede Masche einfach häkeln	8
F1	6.	die 4. + 5. Masche doppeln, alle übrigen Maschen einfach häkeln	10
F1	7.	jede Masche einfach häkeln	10
F1	8.	die 4. + 5. und die 6. + 7. Masche zusammen abmaschen (siehe Seite 178), alle übrigen Maschen einfach häkeln	8
F1	9.	die 3. + 4. und die 5. + 6. Masche zusammen abmaschen, alle übrigen Maschen einfach häkeln	6
		Ende 1. Teil	

2. Teil

Beginn mit dem 2. Teil des Haarbands. Dabei handelt es sich um ein Zwischenstück, das am Ende mit dem 4. Teil zum Haarband zusammengebunden wird. Dieser 2. Teil ist bei beiden Größen gleich.

Hakui 2. Teil

Farbe	Reihe	Beschreibung	Maschen in Reihe
F1	1.	jede Masche einfach häkeln	6
F1	2.	immer 2 Maschen zusammen abmaschen	3
F1	3.–12.	jede Masche einfach häkeln	3
F1	13.	die 2. Masche doppeln, alle übrigen Maschen einfach häkeln	4
F1	14.	die 2. Masche doppeln, alle übrigen Maschen einfach häkeln	5
		Ende 2. Teil	

3. Teil

Beginn mit dem 3. Teil des Haarbands. Dieser Teil bildet am Ende das fertige Haarband. Hier wird zwischen den beiden Größen M und L unterschieden.

Hakui 3. Teil für Größe M

Farbe	Reihe	Beschreibung	Maschen in Reihe
F 1	1.–28.	jede Masche einfach häkeln	5
		Ende 3. Teil Größe M	

Hakui 3. Teil für Größe L

Farbe	Reihe	Beschreibung	Maschen in Reihe
F 1	1.–30.	jede Masche einfach häkeln	5
		Ende 3. Teil Größe L	

4. Teil

Beginn mit dem 4. Teil des Haarbands. Das ist das 2. Stück zum 2. Teil des Haarbands. Hier wird am Ende das Band zusammengeknotet.

Hakui 4. Teil

Farbe	Reihe	Beschreibung	Maschen in Reihe
F 1	1.	2. + 3. Masche zusammen abmaschen, alle übrigen Maschen einfach häkeln	4
F 1	2.	2. + 3. Masche zusammen abmaschen, alle übrigen Maschen einfach häkeln	3
F 1	3.–12.	jede Masche einfach häkeln	3
F 1	13.	jede Masche doppeln	6
		Ende 4. Teil	

5. Teil

Beginn mit dem 5. Teil des Haarbands. Dieser 5. Teil ist genauso groß wie die andere Hälfte der Schleife (= 1. Teil).

Hakui 5. Teil

Farbe	Reihe	Beschreibung	Maschen in Reihe
F 1	1.	jede Masche einfach häkeln	6
F 1	2.	die 3. + 4. Masche doppeln, alle übrigen Maschen einfach häkeln	8
F 1	3.	die 4. + 5. Masche doppeln, alle übrigen Maschen einfach häkeln	10
F 1	4.	jede Masche einfach häkeln	10
F 1	5.	die 4. + 5. und die 6. + 7. Masche zusammen abmaschen, alle übrigen Maschen einfach häkeln	8

Fortsetzung auf der nächsten Seite

Hakui 5. Teil

Farbe	Reihe	Beschreibung	Maschen in Reihe
F1	6.	jede Masche einfach häkeln	8
F1	7.	die 3. + 4. und die 5. + 6. Masche zusammen abmaschen (siehe Seite 178), alle übrigen Maschen einfach häkeln	6
F1	8.	die 2. + 3. und die 4. + 5. Masche zusammen abmaschen, alle übrigen Maschen einfach häkeln	4
F1	9.	immer 2 Maschen zusammen abmaschen	2
		Ende 5. Teil des Haarbands: Auf die letzte Masche noch 1 Luftmasche häkeln, den Faden nach ca. 15 cm abschneiden und durch die Luftmasche ziehen. Anschließend alle Fäden gut vernähen.	

Verzierung

Das Stirnband wird an der Ober- und Unterkante im Bereich des 3. Teils des Haarbands mit festen Maschen (siehe Seite 171) verziert. Dazu am Übergang vom 2. zum 3. Teil bzw. vom 3. zum 4. Teil (= die 1. Reihe mit 4 Maschen) einstechen, den Faden von F2 durchholen, 1 Luftmasche und 1 feste Masche häkeln. Anschließend bis zur anderen Seite, also dem Übergang, feste Maschen häkeln. Die Reihe mit 1 Kettmasche in der nächsten Einstichstelle beenden, den Faden nach ca. 15 cm abschneiden und durch die Kettmasche ziehen. Auf diese Weise beide Kanten des Haarbands verzieren. Es sollten am Ende pro Kante ca. 42 feste Maschen sein.

Fertigstellung

Alle übrigen Fäden gut vernähen und das Haarband im Bereich der 3 Maschen pro Reihe, also dem 2. + 4. Teil, mit einem doppelten Knoten zusammenbinden. Anschließend die beiden Schleifen links und rechts mit einem Faden von F1 am Haarband fixieren. Fertig!

Farbinspiration

F1 565 Pflaume
F2 591 Weiß

F1 555 Marine
F2 521 Limettengrün

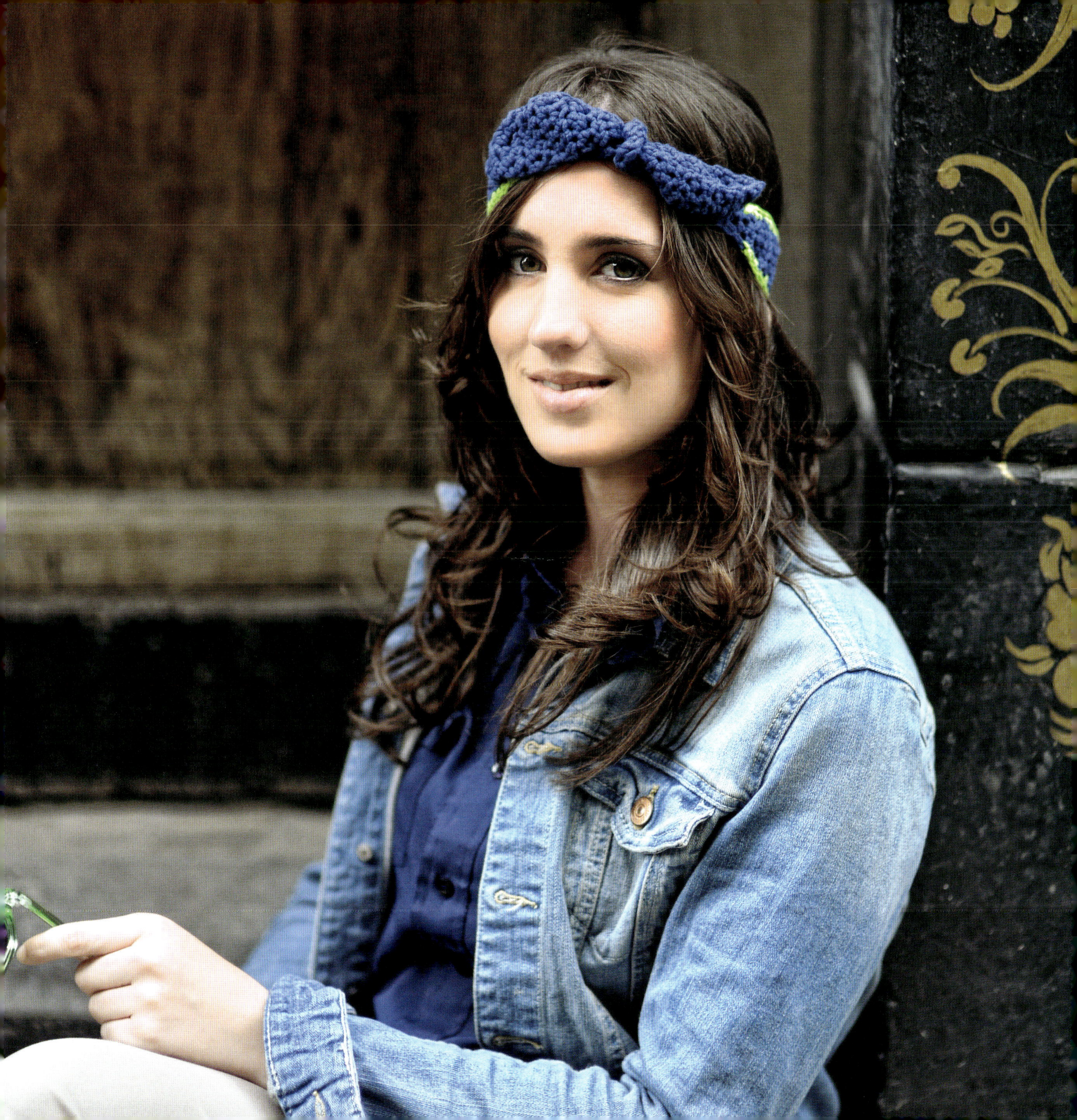

Deine selbst gemachte Tasche ...

... wirst du nicht mehr aus der Hand geben! Mit deinem Lieblingsmodell transportierst du nicht nur lässig deine wichtigsten Utensilien, sondern drückst individuellen Stil und Geschmack aus – einfach unverzichtbar für die nächste Städtereise, den Besuch bei Freunden oder den Ausflug in die Stadt.

Taschen
Stylishe Begleiter für den Alltag

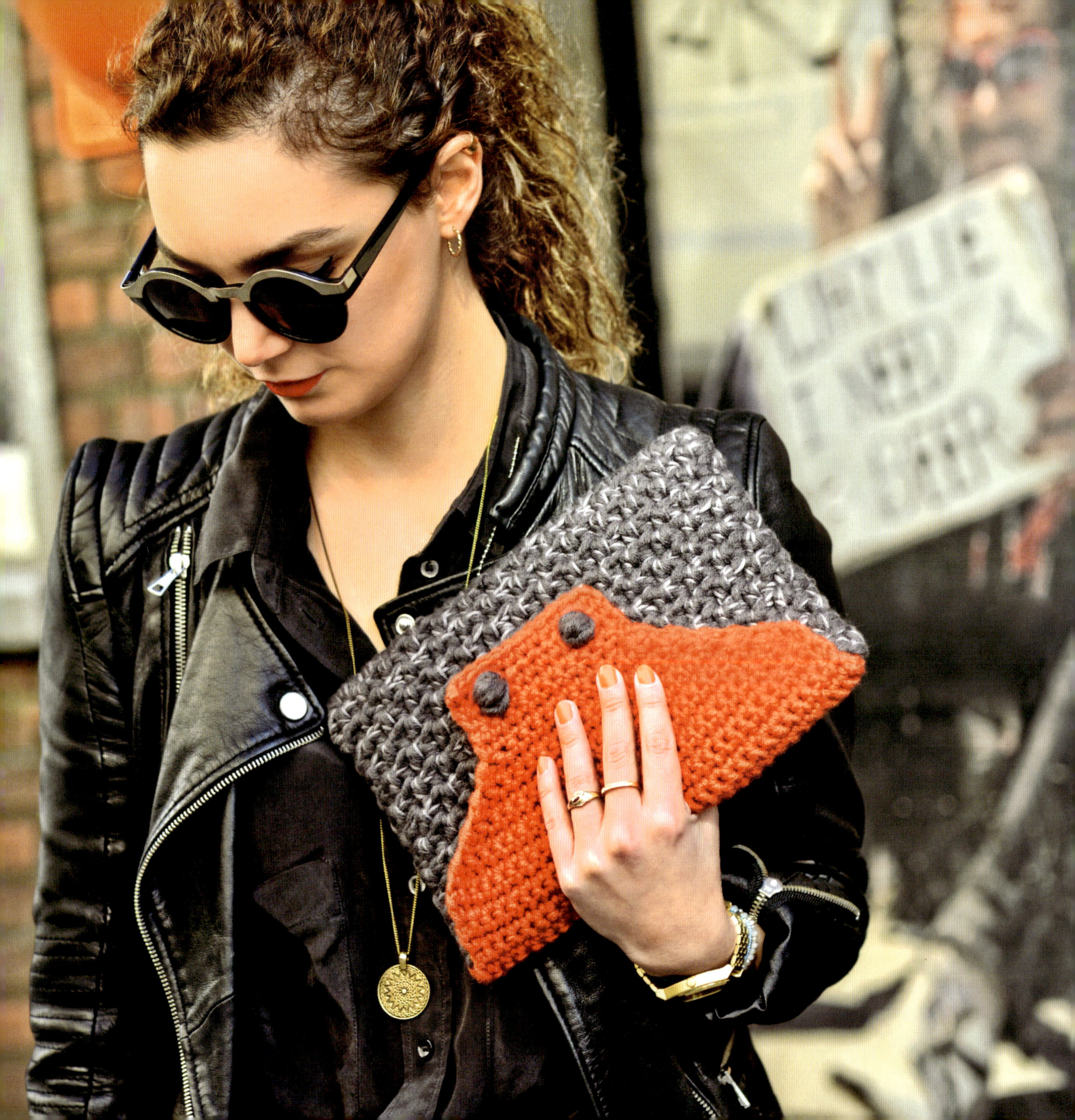

Fertig in ca. 4 h

Tahara

Die ultimative Häkelclutch!

Die Clutch „Tahara" wird 2-fädig mit halben Stäbchen (siehe Seite 172) und von hinten eingestochenen halben Stäbchen (siehe Seite 173) in Runden gehäkelt. Die Klappe, die als Verschluss dient, wird in Hin- und Rückreihen mit festen Maschen (siehe Seite 171) an die Clutch gehäkelt. Als Verschluss selbst dienen 2 Knubbel (siehe nächste Seite).

SKILLS

Maschenprobe
10 × 10 cm =
12 halbe Stäbchen × 8 Reihen
mit einfachem Faden No. 1

Nadeln
myboshi Häkelnadel 6,0 mm,
Stick-/Vernähnadel

Größe
Breite ca. 24 cm
Höhe ca. 20 cm

Material
myboshi Wolle No. 1
oder No. 3 **und** No. 5

Farbidee und Verbrauch

			No. 1	No. 3	No. 5
F1	194	Titangrau	85 g	125 g	
F2	593	Silber			55 g
F3	118	Cayenne	25 g	35 g	

Knubbel

Knubbel bestehen aus 5 oben zusammengehäkelten einfachen Stäbchen, die in 1 Einstichstelle gehäkelt werden. 3 Luftmaschen mit F 1 anschlagen. 1 Umschlag machen und in die 1. Luftmasche einstechen. Dann den Faden holen, erneut den Arbeitsfaden durchholen und durch die ersten beiden Schlingen ziehen. Das Ganze (= 1 Umschlag machen, Faden holen, Arbeitsfaden erneut holen und immer durch die ersten beiden Schlingen, die auf der Nadel liegen, ziehen) 4-mal wiederholen, bis 6 Schlingen auf der Nadel liegen. Erneut 1 Umschlag machen, den Arbeitsfaden holen und durch alle Schlingen ziehen. Anschließend 1 Luftmasche häkeln, den Faden nach ca. 10 cm abschneiden und durch die Luftmasche ziehen.

Clutch

Anfang mit einem Faden von F 1 und einem Faden von F 2 (= 2-fädig). 24 Luftmaschen + 1 Wendeluftmasche (siehe Seite 170) anschlagen. Runden werden in der Anfangsluftmasche geschlossen (siehe Seite 177).

Fortan wird nun mit halben Stäbchen (siehe Seite 172) gearbeitet, die hier als „Maschen" bezeichnet werden.

Tahara Clutch

Farbe	Runde	Beschreibung	Maschen in Runde
		Aufgepasst! Zur 1.–13. Runde: Alle Runden werden geschlossen.	
F 1 + F 2	1.	zuerst 24 Maschen einfach häkeln, dabei jedoch nur in die hintere Luftmaschenschlinge einstechen, nun das Gehäkelte um 180 Grad im Uhrzeigersinn drehen, sodass die eben gehäkelten Maschen nach unten zeigen, und erneut 24 Maschen häkeln, diesmal jedoch nur in die vordere Luftmaschenschlinge einstechen	48
F 1 + F 2	2.	(abwechselnd 1 von hinten eingestochenes halbes Stäbchen (siehe Seite 173) und 1 Masche häkeln) Klammer 23-mal wiederholen	48
F 1 + F 2	3.	(abwechselnd 1 Masche und 1 von hinten eingestochenes halbes Stäbchen häkeln) Klammer 23-mal wiederholen	48
F 1 + F 2	4.–13.	2. + 3. Rd abwechselnd wiederholen	48
		Ende der Clutch: Auf das letzte halbe Stäbchen 1 Luftmasche häkeln, die Fäden von F 1 + F 2 nach ca. 15 cm abschneiden und durch die Luftmasche ziehen. Anschließend die Verschlussklappe häkeln.	

Verschlussklappe

Die Verschlussklappe wird in Reihen an die Clutch gehäkelt. Dazu die Clutch so vor sich hinlegen, dass die Öffnung nach oben zeigt. Darauf achten, dass der Rundenschluss hinten liegt. Anschließend in die 1. Masche an der rechten Seite der unteren Lage mit der Häkelnadel einstechen, den Faden von F 3 durchholen, 1 Luftmasche häkeln und in der gleichen Einstichstelle mit der 1. Reihe beginnen.

Aufgepasst! Am Ende einer Reihe 1 Wendeluftmasche nicht vergessen!

Tahara Verschlussklappe

Farbe	Reihe	Beschreibung	Maschen in Reihe
F 3	1.	24 feste Maschen (siehe Seite 171) häkeln	24
F 3	2.–6.	feste Maschen häkeln	24
		Aufgepasst! Zur 7.–13. Reihe: In diesen Reihen die Wendeluftmasche weglassen und damit Maschen abnehmen, denn es wird automatisch die 1. Einstichstelle ausgelassen.	

F 3	7.–13.	feste Maschen häkeln, die letzte Einstichstelle auslassen	22–10
		Aufgepasst! Zur 14.–17. Reihe: Ab sofort am Ende der Reihe wieder 1 Wendeluftmasche häkeln und diese nicht vergessen!	
F 3	14. + 15.	feste Maschen häkeln	10
F 3	16.	2 halbe Stäbchen häkeln, 2 Luftmaschen häkeln und dafür 1 Einstichstelle auslassen, 4 halbe Stäbchen, 2 Luftmaschen häkeln und dafür 1 Einstichstelle auslassen, 2 halbe Stäbchen häkeln	8
F 3	17.	feste Maschen häkeln, dabei auch in die Luftmaschen einstechen	12
		Ende der Verschlussklappe: Auf die letzte feste Masche noch 1 Luftmasche häkeln, den Faden nach ca. 15 cm abschneiden und durch die Luftmasche ziehen.	

Verschluss

Für den Verschluss 2 Knubbel aus 5 oben zusammengehäkelten einfachen Stäbchen mit F 1 herstellen.

Fertigstellung

Alle Fäden nach ca. 15 cm abschneiden und gut vernähen. Auf Höhe der 7. Runde der Clutch die beiden Knubbel befestigen bzw. anknoten. Nun die Verschlussklappe umschlagen und an den Knubbeln verschließen. Fertig!

Farbinspiration

F 1   393   Silber
F 2   520   Eisbonbon
F 3   395   Anthrazit

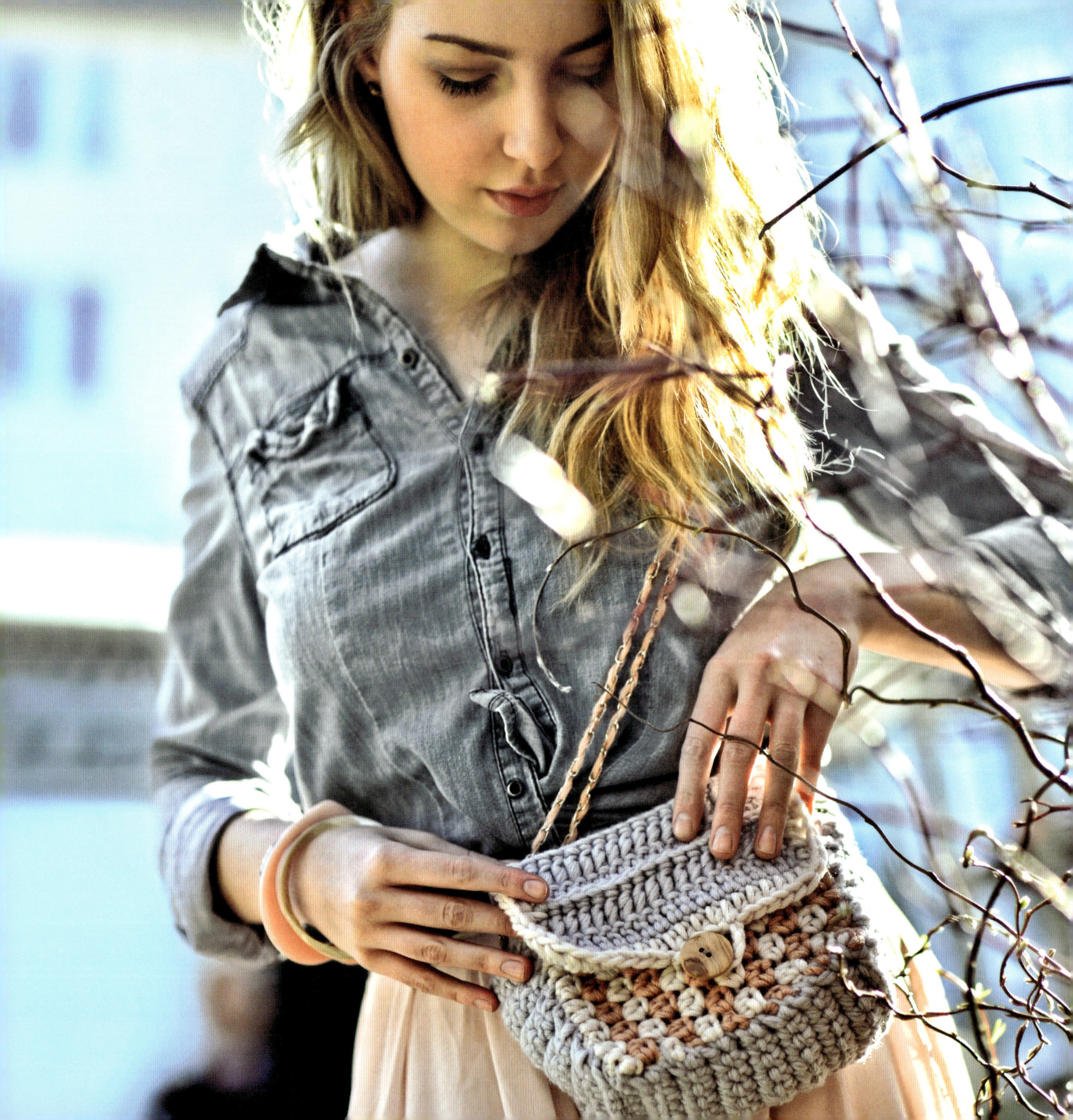

Fertig in ca. 3,5 h

Takayama

Klein, fein – alles passt rein!

Die Tasche „Takayama" wird mit festen Maschen, von hinten eingestochenen festen Maschen, Maschenbündeln V2 aus halben Stäbchen, von hinten eingestochenen einfachen Stäbchen und einfachen Stäbchen gehäkelt. Die Fassung der Seitenteile wird in Hin- und Rückreihen gehäkelt. Die Seitenteile an sich werden in Runden gearbeitet, sodass eine stabile doppellagige Seite entsteht (siehe Seite 166).

SKILLS

Maschenprobe
10 × 10 cm =
12 halbe Stäbchen × 8 Reihen

Nadeln
myboshi Häkelnadel 6,0 mm,
Stick-/Vernähnadel

Größe
Höhe   ca. 12 cm
Länge   ca. 17 cm
Breite/Tiefe   ca. 8 cm

Material
myboshi Wolle No. 1 oder No. 3
1 Knopf, eine ca. 2 m lange Gliederkette

Farbidee und Verbrauch

			No. 1	No. 3
F1	193	Silber	75 g	115 g
F2	136	Puder	45 g	70 g
F3	192	Elfenbein	45 g	70 g

1. Seitenteil

14 Luftmaschen + 1 Wendeluftmasche (siehe Seite 170) mit einfachem Faden von F 2 anschlagen. Runden werden geschlossen (siehe Seite 177).

Takayama 1. Seitenteil

Farbe	Runde	Beschreibung	Maschen in Runde
F 2	1.	zuerst 14 halbe Stäbchen (siehe Seite 172) häkeln, dabei jedoch nur in die hintere Luftmaschenschlinge einstechen, nun das Gehäkelte um 180 Grad im Uhrzeigersinn drehen, sodass die eben gehäkelten Maschen nach unten zeigen, und erneut 14 halbe Stäbchen häkeln, diesmal jedoch nur in die vordere Luftmaschenschlinge einstechen	28
F 3	2.	(1 Maschenbündel V 2 (siehe Seite 176) häkeln, 1 Masche auslassen) Klammer 13-mal wiederholen	14
F 2	3.	(in das 2. halbe Stäbchen des Maschenbündels der Vorrunde 1 Maschenbündel V 2 häkeln) Klammer 13-mal wiederholen	14
F 3 + F 2	4.–11.	2. + 3. Rd 4-mal wiederholen	14
F 3	12.	2. Rd wiederholen	14
		Ende des 1. Seitenteils: Nach dem Rundenschluss mit 1 Kett- und 1 Luftmasche den Faden nach ca. 15 cm abschneiden und durch die Luftmasche ziehen.	

2. Seitenteil

Das 2. Seitenteil wird genauso gearbeitet wie das 1. Seitenteil, allerdings wird F 2 mit F 3 getauscht. Beginn also mit einfachem Faden von F 3 und damit 14 Luftmaschen + 1 Wendeluftmasche anschlagen. Runden werden geschlossen. Für die weitere Anleitung die des 1. Seitenteils verwenden.

Fassung der Seitenteile

Mit doppeltem Faden von F 1 (= 2-fädig) 7 Luftmaschen + 1 Wendeluftmasche anschlagen.

Aufgepasst! Am Ende jeder Reihe 1 Wendeluftmasche nicht vergessen!

Takayama Fassung der Seitenteile

Farbe	Reihe	Beschreibung	Maschen in Reihe
F 1	1.	7 feste Maschen (siehe Seite 171) häkeln	7
F 1	2.–11.	feste Maschen häkeln	7
		Aufgepasst! Zur 12. + 28. Reihe: In diesen beiden Reihen werden von hinten eingestochene feste Maschen gehäkelt. Diese Maschenart wird um den Maschenhals einer Masche gearbeitet. Damit am Ende der Reihe 7 Maschen vorhanden sind, werden in die 7. Einstichstelle 2 Maschen gehäkelt.	
F 1	12.	6 von hinten eingestochene feste Maschen (siehe Seite 173) häkeln, in die letzte Einstichstelle zusätzlich 1 feste Masche häkeln	7

Farbe	Reihe	Beschreibung	Maschen in Reihe
F 1	13.–27.	feste Maschen häkeln	7
		Aufgepasst! Da jeder anders häkelt, können die Seitenteile in der Größe variieren. Wir empfehlen deshalb, die Fassung an die Seitenteile anzupassen und nach der 27. Reihe zusätzliche Reihen mit festen Maschen zu häkeln. Beachte dabei jedoch, dass das Maschenbild der von hinten eingestochenen festen Maschen in beiden Reihen gleich aussieht bzw. sich auf der gleichen Seite befinden muss.	
F 1	28.	12. Rd wiederholen	7
F 1	29.–39.	feste Maschen häkeln	7
		Ende der Fassung: Auf die letzte feste Masche noch 1 Luftmasche häkeln, die Fäden nach ca. 15 cm abschneiden und durch die Luftmasche ziehen.	

Verschlussklappe

18 Luftmaschen + 2 Wendeluftmaschen mit einfachem Faden von F 1 anschlagen.

Aufgepasst! Am Ende jeder Reihe 2 Wendeluftmaschen nicht vergessen!
Fortan wird nun mit einfachen Stäbchen (siehe Seite 172) gearbeitet, die hier als „Stäbchen" bezeichnet werden.

Takayama Verschlussklappe

Farbe	Reihe	Beschreibung	Maschen in Reihe
F 1	1.	in jede Luftmasche 1 Stäbchen häkeln	18
		Aufgepasst! Zur 2., 4. und 6. Reihe: In diesen Reihen werden von hinten eingestochene einfache Stäbchen gehäkelt. Diese Maschenart wird immer um den Maschenhals einer Masche gearbeitet. Damit am Ende der Reihe 18 Stäbchen vorhanden sind, werden in die 18. Einstichstelle 2 Maschen gehäkelt.	
F 1	2.	17 von hinten eingestochene einfache Stäbchen (siehe Seite 173) + 1 Stäbchen häkeln	18
F 1	3.	Stäbchen häkeln	18
F 1	4. + 5.	2. + 3. R wiederholen	18
F 1	6.	2. R wiederholen	18
F 1	7.	feste Maschen häkeln	18
		Ende der Verschlussklappe: Auf die letzte feste Masche noch 1 Luftmasche häkeln, den Faden nach ca. 50 cm abschneiden und durch die Luftmasche ziehen. Mit dem langen Endfaden die Verschlussklappe später an einem Seitenteil annähen.	

Fertigstellung

Fäden der Fassung und der beiden Seitenteile gut vernähen.

Fortsetzung auf der nächsten Seite

Die Fassung, wie auf der Skizze A zu sehen, vor sich hinlegen. Das 1. Seitenteil (**Aufgepasst!** Der Rundenschluss des Seitenteils sollte auf der Innenseite der Tasche liegen!) mit einem ca. 2 m langen Faden von F 1 querliegend entlang der Fassung festnähen (siehe B). Anschließend das 2. Seitenteil gegengleich zum 1. Seitenteil auf der anderen Seite festnähen.

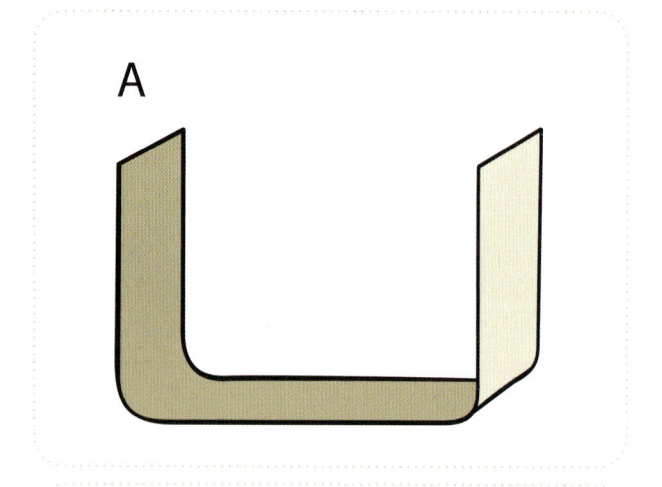

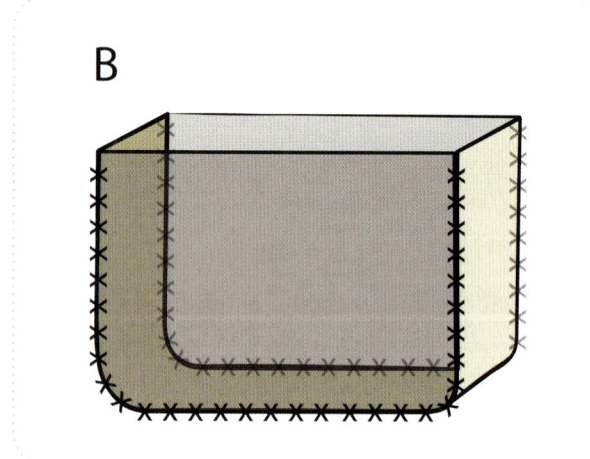

A

B

Den Anfangsfaden der Verschlussklappe gut vernähen und diese anschließend mit dem 50 cm langen Endfaden an einem der Seitenteile befestigen. Die querliegenden Maschenschlingen der von hinten eingestochenen Stäbchen stellen die Vorderseite der Verschlussklappe dar. Die Kanten entlang der Klappe mit F 3 und halben Stäbchen (siehe Seite 172) umhäkeln.
Danach in der Mitte der Verschlussklappe eine kleine Luftmaschenkette anbringen. Dazu mittig eine Luftmaschenkette aus 6 Luftmaschen befestigen. Zuletzt die Verschlussklappe umklappen und auf Höhe der Luftmaschenkette den Knopf als Verschluss anbringen. Anschließend die Kette auf jeder Seite durch die Fassung fädeln und die Enden der Kette miteinander verbinden. Fertig!

Nach Belieben:
Je nach Größe der einzelnen Glieder der Kette entweder durch die Glieder der Kette eine ca. 3 m lange Luftmaschenkette mit F 2 oder beliebiger Restwolle fädeln oder einen einzelnen Faden nehmen und durchfädeln.

Farbinspiration

F 1   159 Saphir
F 2   195 Anthrazit
F 3   175 Schlamm

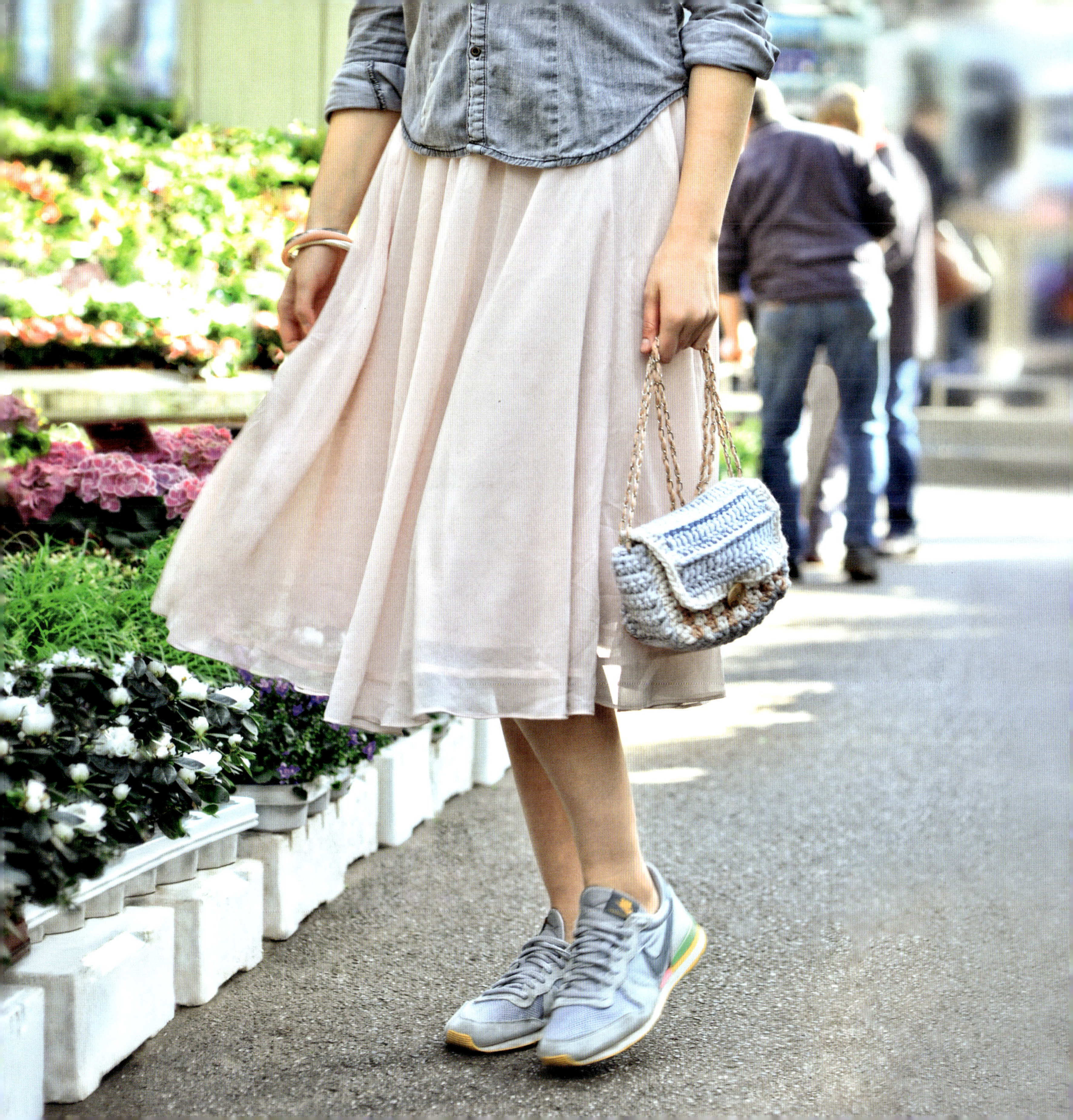

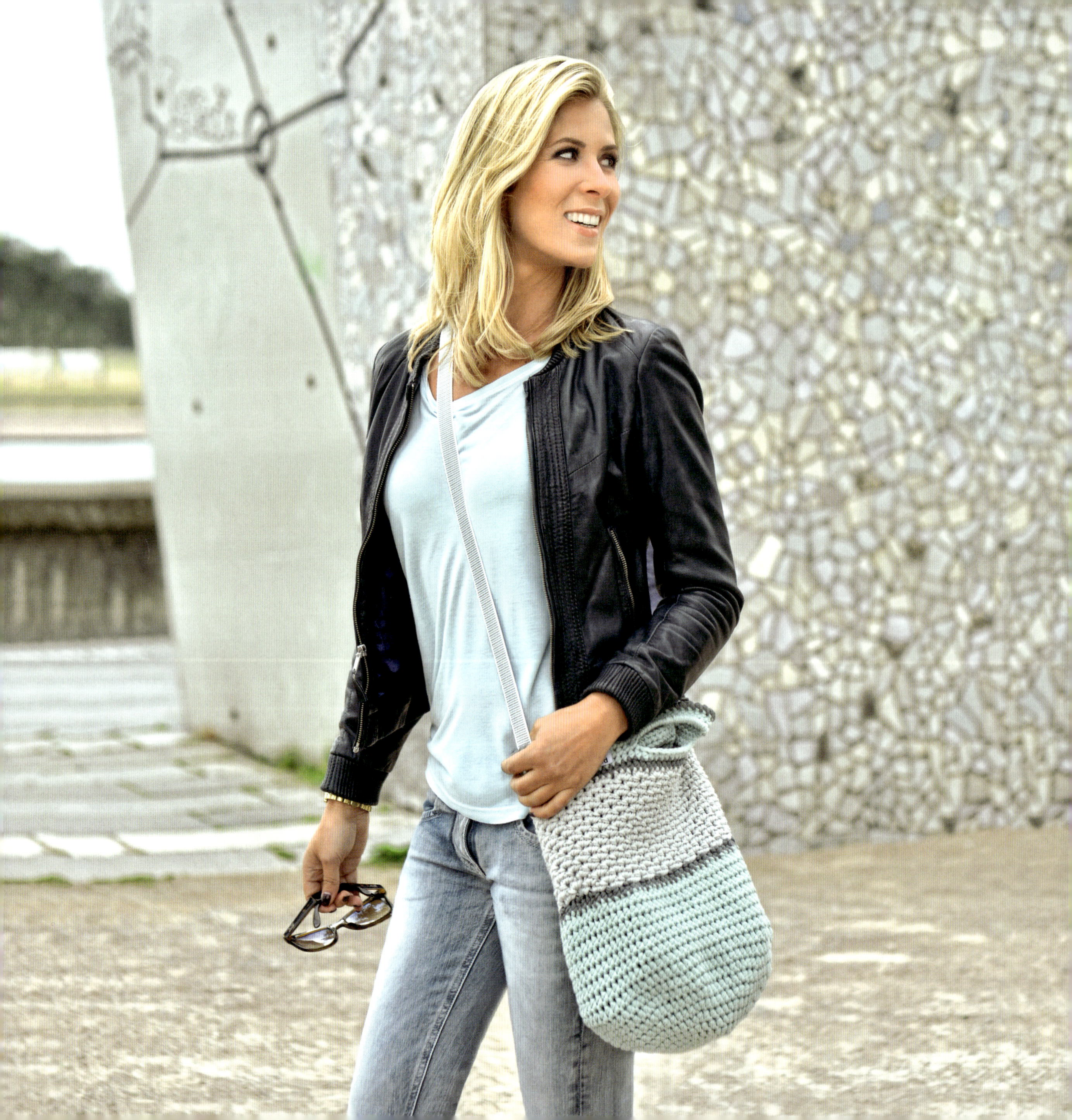

Fertig in ca. 5 h

Tono

Die perfekte Shopping-Bag!

Die Tasche „Tono" wird mit doppeltem Faden (= 2-fädig), halben Stäbchen und einem Muster aus Maschenbündeln V 1 mit festen Maschen in der Schnecke gehäkelt. Im Bereich der Farbwechsel werden die Runden geschlossen. Luftmaschen werden für die Henkel mitverwendet und am Ende wird die Tasche mit Krebsmaschen verziert. Da mit 2 Fäden gleichzeitig gearbeitet wird, sorgt das für eine gewisse Stabilität bei der Tasche (siehe Seite 166).

SKILLS

Maschenprobe
10 × 10 cm =
11 halbe Stäbchen × 8 Reihen
mit doppeltem Faden und der
6,0-mm-Häkelnadel

Nadeln
myboshi Häkelnadel 6,0 mm,
Stick-/Vernähnadel

Größe
Umfang ca. 68 cm
Höhe ca. 37 cm

Material
myboshi Wolle No. 5,
bei Bedarf ein ca. 2 m langes Gurtband

Farbidee und Verbrauch

		No. 5
F 1	520 Eisbonbon	225 g
F 2	594 Titangrau	40 g
F 3	593 Silber	130 g

Anfangsring mit doppeltem Faden von F 1 (= 2-fädig) (siehe Seite 170). Beginn am Boden der Tasche. Runden werden in der Schnecke gehäkelt (siehe Seite 170) und nur bei einem Farbwechsel geschlossen (siehe Seite 177). Der Rundenschluss wird genau angegeben.

Fortan wird nun mit halben Stäbchen (siehe Seite 172) gearbeitet, die hier als „Maschen" bezeichnet werden. Alle anderen Maschenarten werden genau bezeichnet.

Tono

Farbe	Runde	Beschreibung	Maschen in Runde
		Aufgepasst! Die ersten 17 Runden **in der Schnecke** häkeln.	
F 1	1.	in den Anfangsring 10 Maschen arbeiten	10
F 1	2.	jede Masche doppeln, also 2 Maschen in 1 Einstichstelle arbeiten	20
F 1	3.	1 Masche einfach häkeln, 1 Masche doppeln	30
F 1	4.	2 Maschen einfach häkeln, 1 Masche doppeln	40
F 1	5.	3 Maschen einfach häkeln, 1 Masche doppeln	50
F 1	6.	4 Maschen einfach häkeln, 1 Masche doppeln	60
F 1	7.	5 Maschen einfach häkeln, 1 Masche doppeln	70
F 1	8.	6 Maschen einfach häkeln, 1 Masche doppeln	80
F 1	9.	7 Maschen einfach häkeln, 1 Masche doppeln	90
F 1	10.–17.	jede Masche einfach häkeln	90
		Aufgepasst! Zur 18. + 19. Runde: Diese Runden jeweils in der 1. Masche der **Runde schließen.** Nach den beiden Runden weiter **in der Schnecke** weiterhäkeln.	
F 1	18.	jede Masche einfach häkeln	90
F 2	19.	jede Masche einfach häkeln	90
F 3	20.	(1 Maschenbündel V 1 (siehe Seite 176) häkeln, 2 Einstichstellen auslassen) Klammer 29-mal wiederholen	30
F 3	21.	vor das 1. Maschenbündel der Vorrunde 1 Maschenbündel V 1 häkeln, anschließend immer um die 3. feste Masche eines Maschenbündels der Vorrunde 1 Maschenbündel V 1 häkeln (dazu in das kleine Loch zwischen den Bündeln einstechen)	31
F 3	22.–34.	1 Maschenbündel V 1 immer um die 3. feste Masche des Maschenbündels der Vorrunde häkeln	31
		Aufgepasst! Zur 35. + 36. Runde: Diese Runden jeweils in der 1. Masche der **Runde schließen.** Nach den beiden Runden wieder **in der Schnecke** weiterhäkeln.	
F 3	35.	1 Maschenbündel V 1 immer um die 3. feste Masche des Maschenbündels der Vorrunde häkeln	31
F 2	36.	in jede Einstichstelle 1 Masche häkeln, die letzte Einstichstelle auslassen	90
F 1	37.	jede Masche einfach häkeln	90
		Aufgepasst! Zur 38. Runde: Da jeder anders häkelt, kann es sein, dass sich die Henkelöffnungen verschieben und nicht direkt aufeinanderliegen. Damit sich die beiden Henkel an der gleichen Stelle befinden, einfach die Maschenanzahl zwischen den beiden Henkeln anpassen.	

F1	38.	16 Maschen häkeln, 13 Luftmaschen häkeln und dafür 13 Einstichstellen auslassen, 32 Maschen häkeln, 13 Luftmaschen häkeln und dafür 13 Einstichstellen auslassen, 16 Maschen häkeln	90
F1	39.	jede Masche einfach häkeln, um die Luftmaschen 13 Maschen arbeiten	90
F1	40.	jede Masche einfach häkeln	90
		Aufgepasst! Zur 41. Runde: Diese Runde in der 1. Masche der **Runde schließen.**	
F2	41.	Abschlussrunde: Krebsmaschen (siehe Seite 179) häkeln	90
		Ende der Tasche	

Fertigstellung

Alle Fäden nach ca. 15 cm abschneiden und gut vernähen. Fertig!

Tipp: Wer möchte, kann an seiner Tragetasche ein stabiles Gurtband befestigen. Dazu die Tasche mit der Innenseite nach außen drehen und auf Höhe der 20. Reihe das Band bis zum Rand an beiden Seiten festnähen. Am besten vorher das Gurtband mit Stecknadeln fixieren, um sich das Annähen zu erleichtern.

Farbinspiration

F1 595 Anthrazit
F2 535 Bordeaux
F3 539 Himbeere

Andere Looks
Ich gehe mit meiner Tono ...

Die Tasche lässt sich perfekt mit allen Rottönen kombinieren.

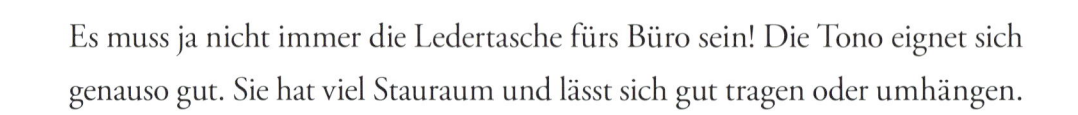

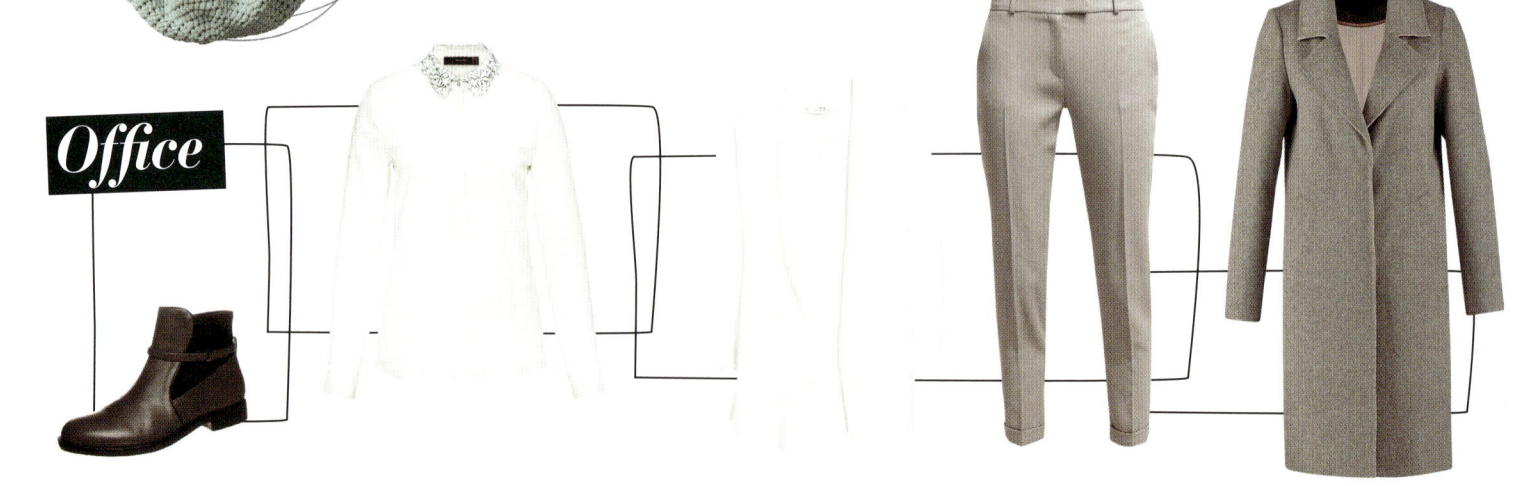

City Chic

Es muss ja nicht immer die Ledertasche fürs Büro sein! Die Tono eignet sich genauso gut. Sie hat viel Stauraum und lässt sich gut tragen oder umhängen.

Office

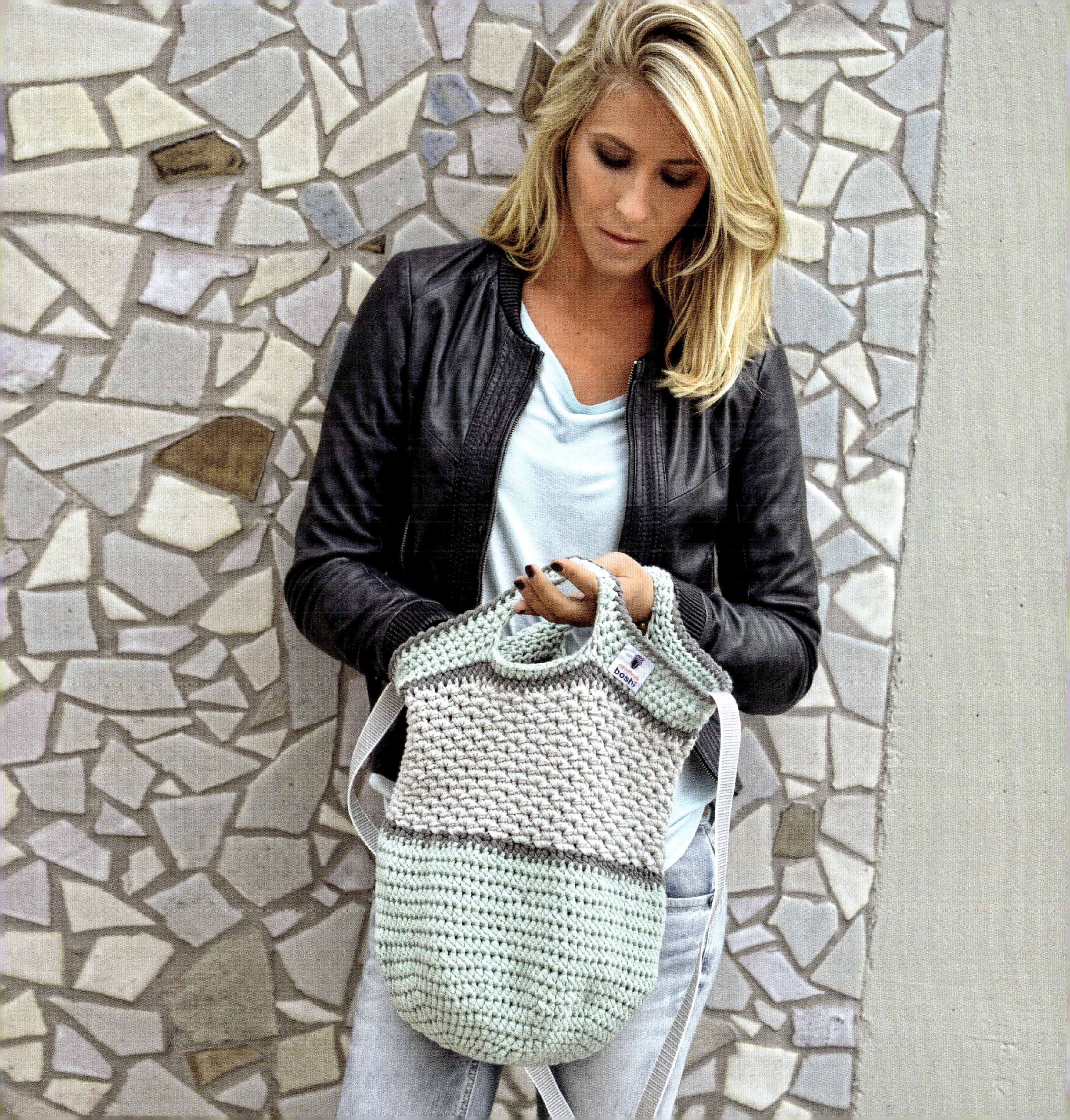
boshi

Know-how

Alles, was du für deinen Style brauchst!

Videos

zu den beschriebenen Grundanleitungen findest du hier:
www.myboshi.net/Knowhow

Häkeln

Wie sieht eine Masche aus?	**168**
Der Anfang bzw. die Handhaltung beim Häkeln	**169**
Die Kettmasche	**169**
Der Anfangsring	**170**
In der Schnecke häkeln	**170**
Die Wendeluftmasche	**170**
Der doppelte Luftmaschenanschlag	**171**
Die feste Masche	**171**
Das halbe Stäbchen	**172**
Das einfache Stäbchen	**172**
Das doppelte Stäbchen	**172**
Von hinten eingestochene feste Maschen	**173**
Von hinten eingestochene halbe Stäbchen oder einfache Stäbchen	**173**
Die Flachnoppe	**174**
Das Margeritenmuster	**174–175**
Maschenbündel mit unterschiedlicher Maschenanzahl und verschiedenen Maschenarten	**176**
Die Büschelmasche	**176**
Das Reliefstäbchen	**176**
Kreuzstäbchen mit einfachen Stäbchen	**176**
Die 1. Runde im Anfangsring	**177**
Runden werden geschlossen mit Farbwechsel oder Rundenwechsel	**177**
Halbe Stäbchen zusammen abmaschen	**178**
Halbe Stäbchen mit einer 2. Farbe abmaschen	**178**
Die Abschlussrunde/Rückrunde	**178**
Die Krebsmasche	**179**
Fransen anknüpfen	**179**
Einen Bommel herstellen	**180**
Der Schlingenstich	**181**

Häkeln

Hier gibt's die Basics ...

Wie sieht eine Masche aus?

Hier werden die wichtigsten Teile einer Masche beschrieben. Die Grafik zeigt halbe Stäbchen.

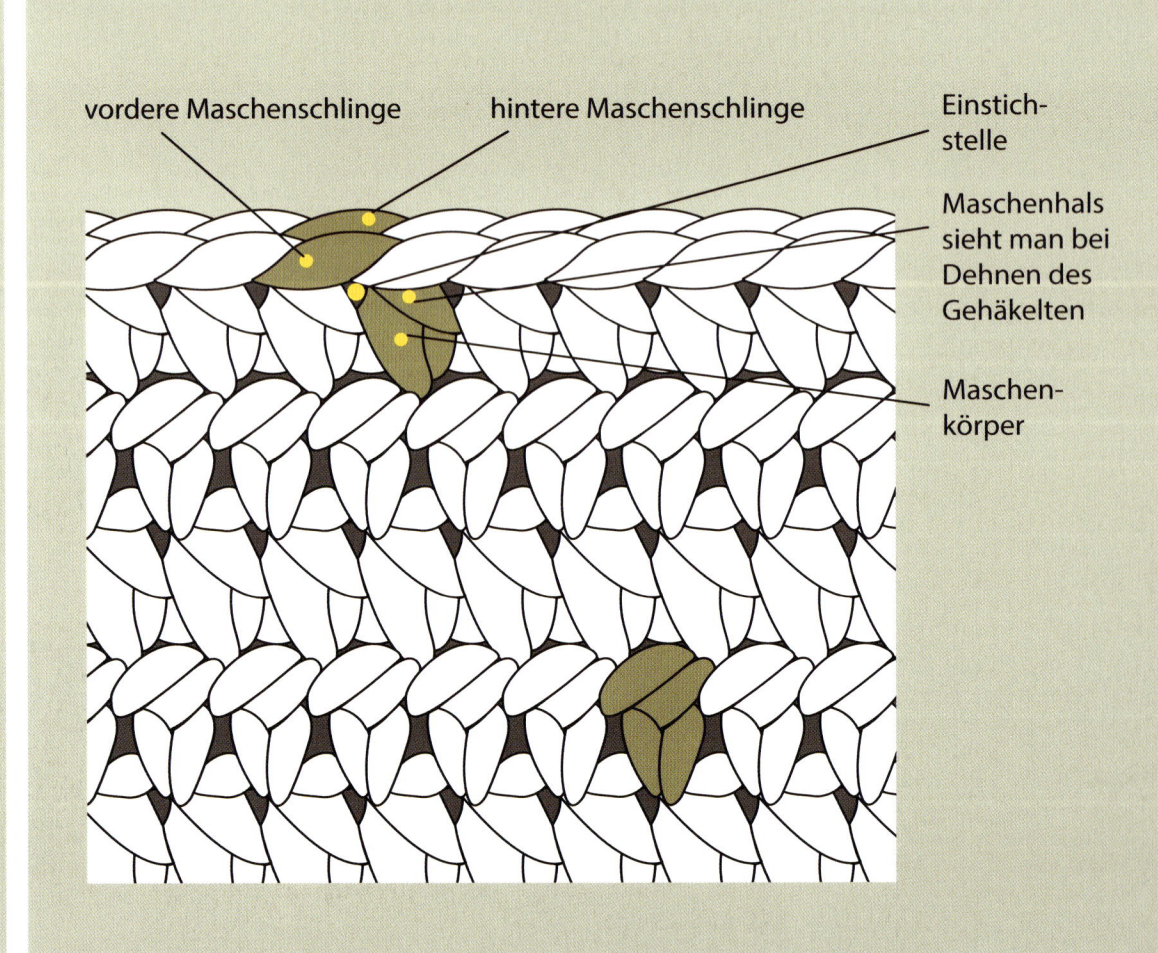

- vordere Maschenschlinge
- hintere Maschenschlinge
- Einstichstelle
- Maschenhals sieht man bei Dehnen des Gehäkelten
- Maschenkörper

Der Anfang bzw. die Handhaltung beim Häkeln

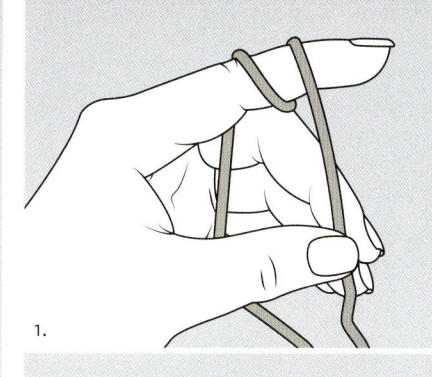

1.

Den Faden um den Zeigefinger der linken Hand legen.

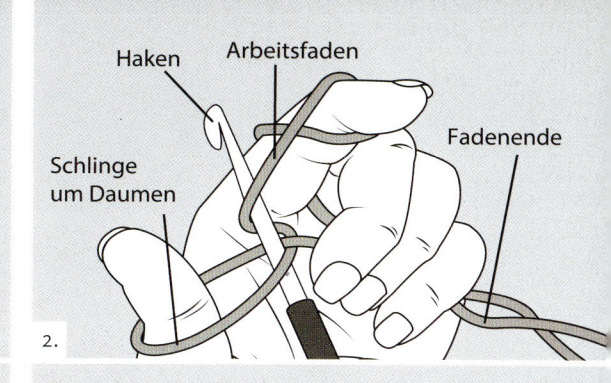

2.

Haken — Arbeitsfaden
Schlinge um Daumen — Fadenende

Im 2. Schritt das Fadenende von vorn um den Daumen legen, damit eine Schlinge entsteht. In die Schlinge wird nun von unten mit der Häkelnadel eingestochen, der Arbeitsfaden wird mit dem Haken aufgenommen und nach unten durchgezogen. Jetzt den Daumen aus der Schlinge nehmen und das Fadenende anziehen. Darauf achten, dass der Arbeitsfaden auf der Nadel bleibt, wenn man diese durch die Daumenschlinge zieht.

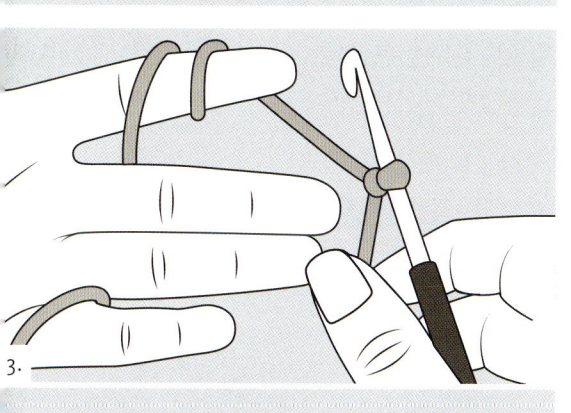

3.

Den Arbeitsfaden um die Finger der linken Hand legen. Das reguliert die Fadenspannung während des Häkelns. Hält man die Finger fest zusammen, läuft der Faden schwerer. Bei lockerer Haltung gleitet er hindurch.

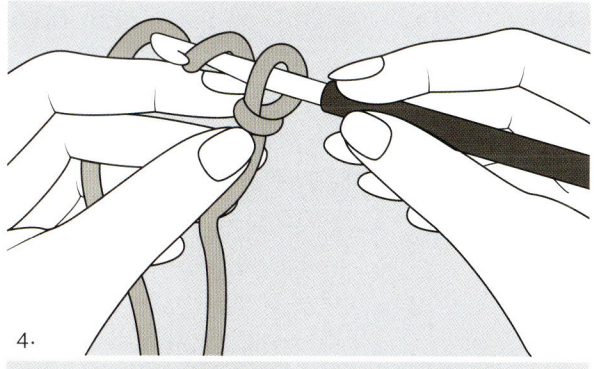

4.

Die Anfangsluftmasche mit dem Daumen und dem Mittelfinger festhalten und den Faden durch die Schlinge ziehen.

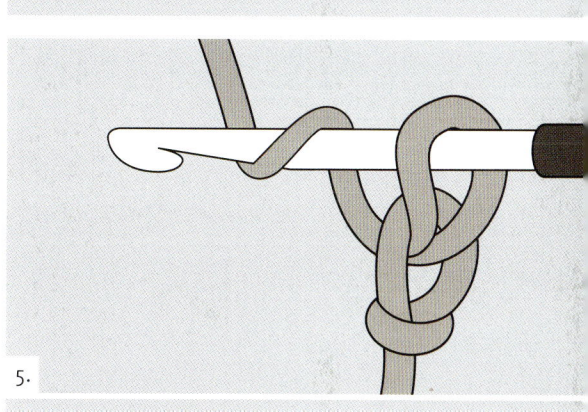

5.

Fortan wiederholen, bis die gewünschte Anzahl an Luftmaschen erreicht ist.

Die Kettmasche

1. Mit der Häkelnadel in die Einstichstelle stechen, den Faden aufnehmen und durch die bereits auf der Nadel liegende Schlinge ziehen.
2. Den Vorgang wiederholen. Kettmaschen werden oft am Ende einer Häkelarbeit als Umrandung dieser verwendet.

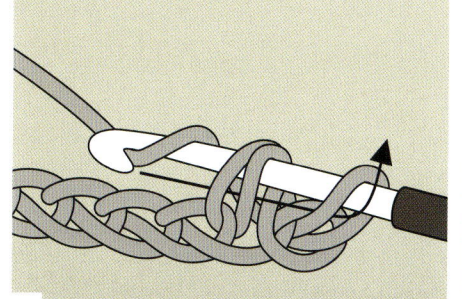

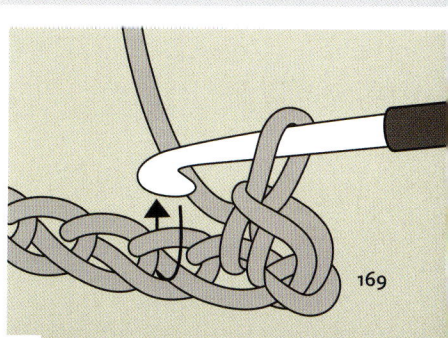

1.

2.

Der Anfangsring

Zu Beginn werden 4 Luftmaschen zur Anfangsluftmasche angeschlagen und mit 1 Kett- und 1 Luftmasche zu einem kleinen Ring geschlossen.

1. Luftmaschenkette mit 5 Luftmaschen.

2. In die 1. Luftmasche der Kette einstechen.

3. Den Arbeitsfaden holen und durch die 1. Luftmasche ziehen.

4. So sieht der kleine Ring geschlossen aus. Gehäkelt wurde 1 Kettmasche.

5. Bei festen Maschen und halben Stäbchen: den Arbeitsfaden erneut auf die Nadel nehmen (= 1 Umschlag machen) und durch die Kettmasche ziehen. 1 Luftmasche ist entstanden. Bei einfachen Stäbchen: noch eine 2. Luftmasche häkeln.

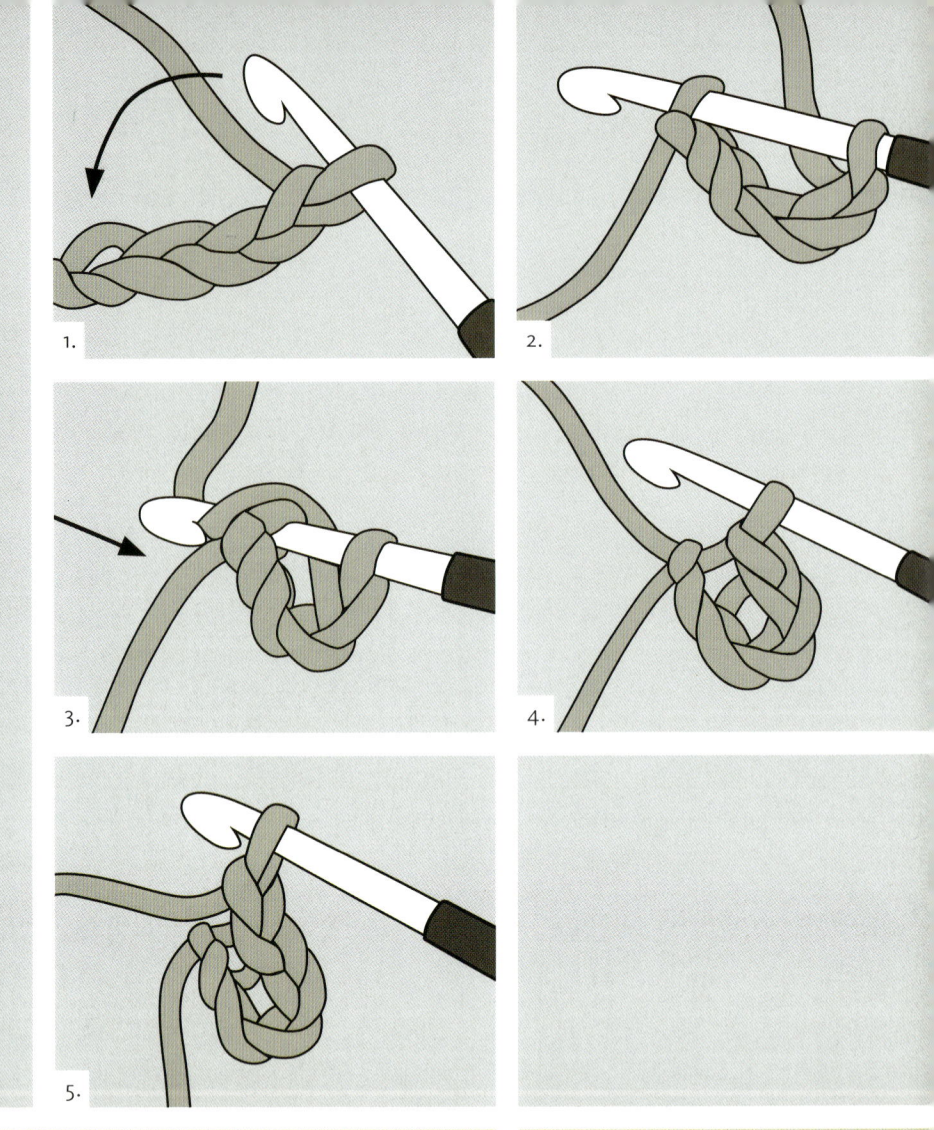

In der Schnecke häkeln

1. Wird in der Schnecke gehäkelt, kann man die 1. Masche der neuen Runde mit einer Sicherheitsnadel kennzeichnen. Das erleichtert das Zählen der Maschen in der jeweiligen Runde. Beim Häkeln in der Schnecke werden die Runden nicht mit 1 Kettmasche geschlossen und es wird auch keine Luftmasche gehäkelt.

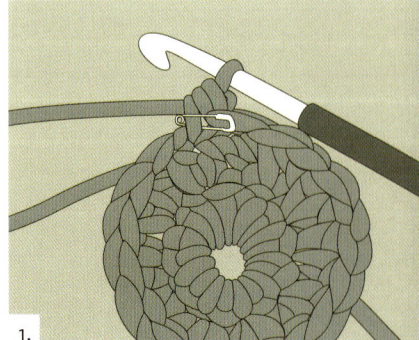

Die Wendeluftmasche

1. Die Wendeluftmasche ist eine Luftmasche, die am Ende einer Reihe gehäkelt wird. Anschließend wendet man die Arbeit und häkelt in der Reihe zurück. Ist die 1. Masche der neuen Reihe eine feste Masche oder ein halbes Stäbchen, wird 1 Wendeluftmasche gehäkelt. Bei einfachen Stäbchen oder doppelten Stäbchen werden 2 Wendeluftmaschen gearbeitet. Die Grafik zeigt ein Häkelstück aus halben Stäbchen mit 1 Wendeluftmasche auf der Nadel.

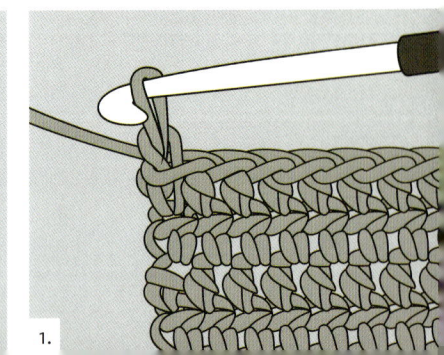

Der doppelte Luftmaschenanschlag

1. Zur Anfangsluftmasche 2 Luftmaschen anschlagen. Den Anfangsknoten ein bisschen nach oben drehen.

2. In die 1. Luftmasche stechen. Dabei darauf achten: 2 Schlingen sind über der Nadel und 1 Schlinge ist unter der Nadel.

3. Den Arbeitsfaden durchholen, 1 Umschlag auf die Nadel machen und durch beide Schlingen, die auf der Nadel liegen, ziehen.

4. Man sieht nun die beiden Schlingen, die man vorher zusammen von der Nadel genommen hat.

5. Ab sofort sticht man immer in die linke Schlinge (mit 2 Schlaufen über der Nadel) und häkelt feste Maschen. Bei diesem Vorgang das Gebilde leicht nach oben drehen, dann geht es einfacher.

6. Fortan feste Maschen in die linken Schlingen häkeln. Die doppelte Luftmaschenkette kräuselt sich ein bisschen zusammen.

Die feste Masche

1. Mit der Häkelnadel in die nächste Einstichstelle stechen und den Faden durch diese holen. Wichtig dabei ist, dass 2 Schlingen der Masche über der Nadel liegen und sich 1 Schlinge unter der Nadel befindet.

2. Es befinden sich nun 2 Schlingen auf der Nadel. Den Faden wieder mit der Nadel aufnehmen (= 1 Umschlag machen) und durch diese beiden Schlingen ziehen. Fertig ist die 1. feste Masche.

3. In die nächste Einstichstelle stechen und den Faden durch die Schlingen ziehen. Es befinden sich wieder 2 Schlingen auf der Nadel. 1 Umschlag machen und wieder durch beide Schlingen ziehen.

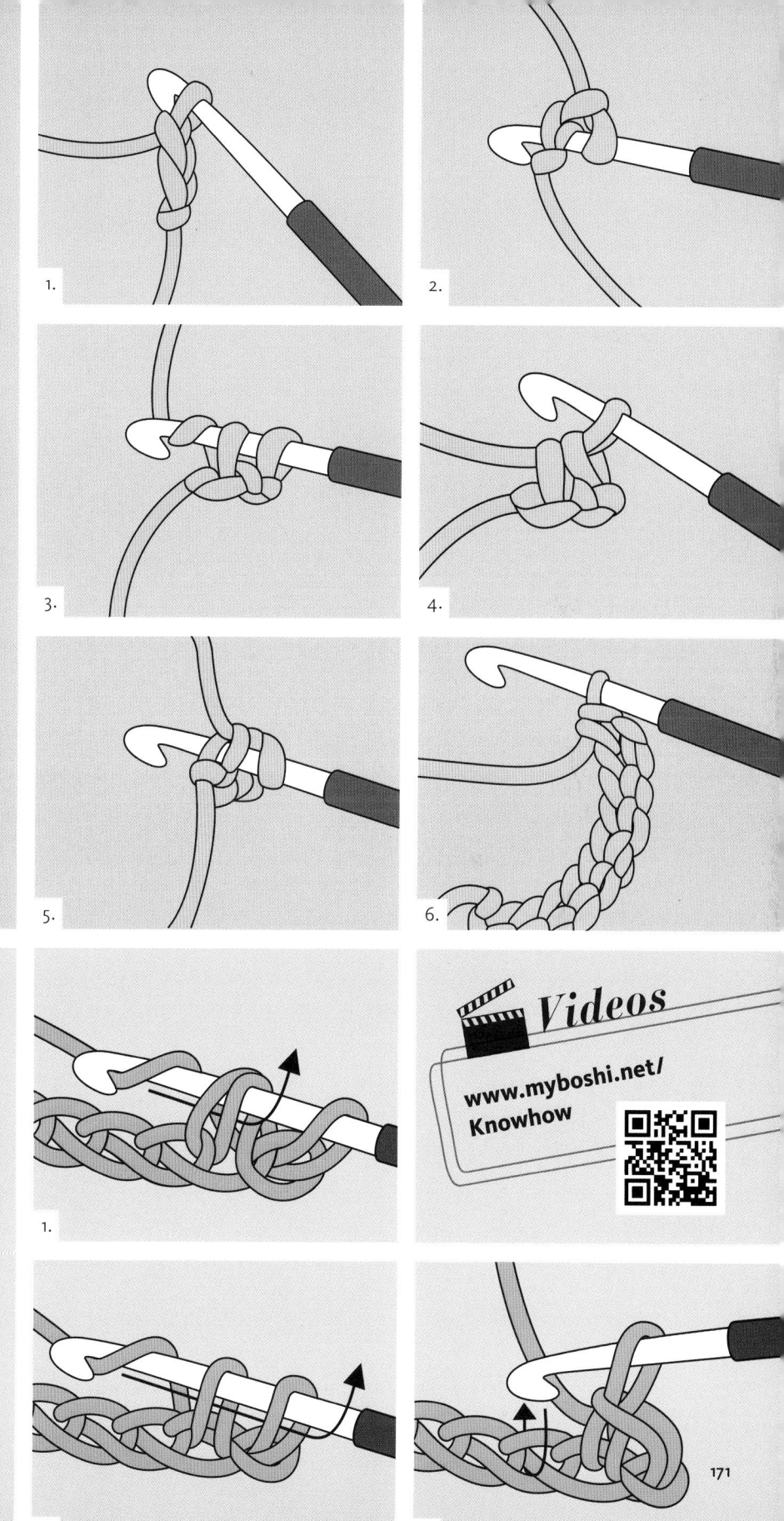

Videos
www.myboshi.net/Knowhow

Das halbe Stäbchen

1. Vor dem Einstechen in die nächste Einstichstelle wird der Faden 1-mal um die Häkelnadel gelegt. So liegen vor dem Einstechen schon 2 Schlingen auf der Nadel. Nun in die Einstichstelle stechen, den Faden aufnehmen und durch die Masche ziehen.

2. Es liegen nun 3 Schlingen auf der Häkelnadel. Faden erneut aufnehmen und durch alle 3 Schlingen ziehen.

3. Nun ist das 1. halbe Stäbchen fertig. Fortan wiederholen.

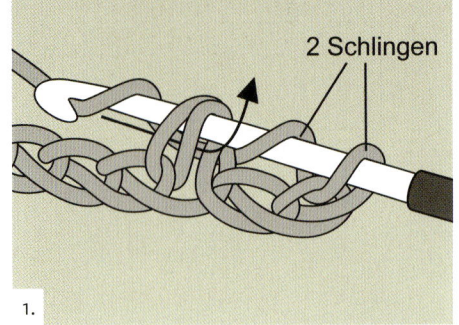

Videos
www.myboshi.net/Knowhow

Das einfache Stäbchen

1. Faden vor dem Einstechen in die Luftmasche/Einstichstelle 1-mal um die Nadel legen (= 1 Umschlag machen). In die Masche einstechen und den Faden durch diese ziehen. Nun liegen 3 Schlingen auf der Häkelnadel.

2. Faden mit der Nadel aufnehmen und durch die ersten beiden auf der Nadel liegenden Schlingen ziehen. Nun liegen 2 Schlingen auf der Häkelnadel.

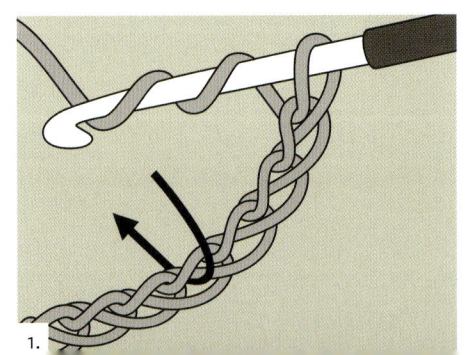

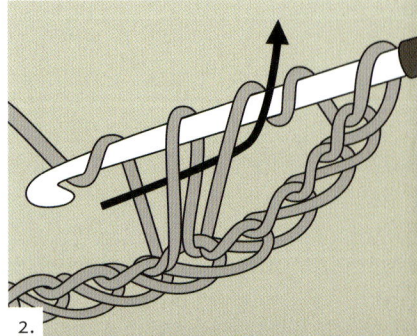

3. Faden wieder mit der Nadel aufnehmen und durch diese beiden noch auf der Nadel liegenden Schlingen ziehen. Fertig ist das 1. Stäbchen. Fortan wiederholen.

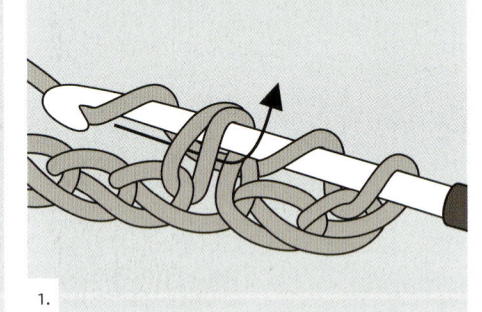

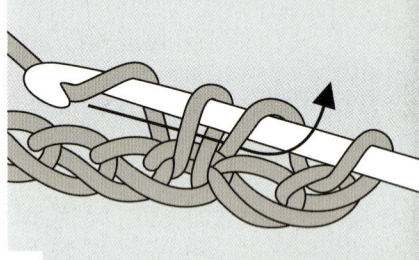

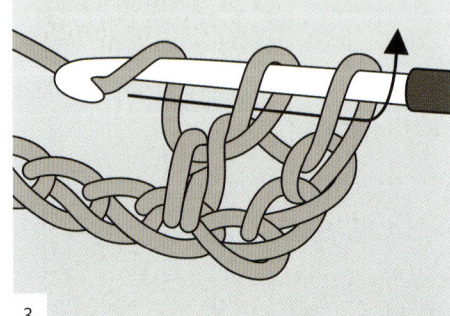

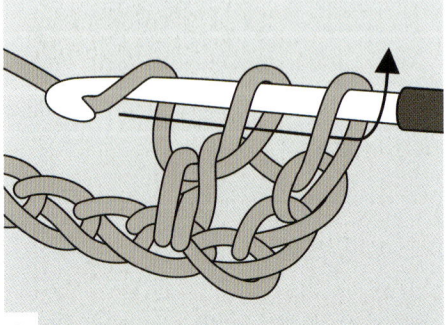

Das doppelte Stäbchen

1. Faden vor dem Einstechen in die Luftmasche 2-mal um die Nadel legen (= 2 Umschläge machen). In die Einstichstelle stechen und den Faden durch diese ziehen. Es liegen nun 4 Schlingen auf der Nadel.

2. Faden mit der Nadel aufnehmen und durch die ersten beiden auf der Nadel liegenden Schlingen ziehen. Nun liegen 3 Schlingen auf der Nadel.

3. Faden erneut aufnehmen und durch die ersten beiden Schlingen auf der Nadel ziehen. Nun liegen noch 2 Schlingen auf der Nadel. Faden noch 1-mal aufnehmen und die letzten beiden Schlingen abmaschen.

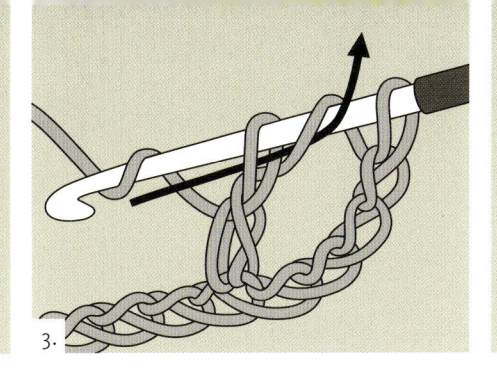

Von hinten eingestochene feste Maschen

1. Das Bild zeigt von hinten eingestochene feste Maschen.

2. Für die von hinten eingestochene feste Masche von hinten vor dem Maschenhals einstechen, Nadel am Maschenhals vorbeilenken und von vorn im gleichen Zug in die Einstichstelle nach dem Maschenhals stechen, ...

3. ... den Faden durchholen und die feste Masche bilden.

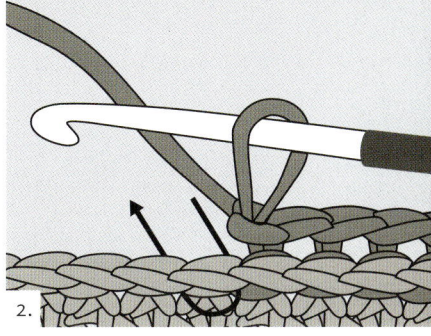

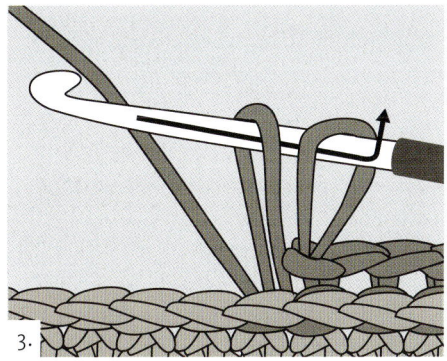

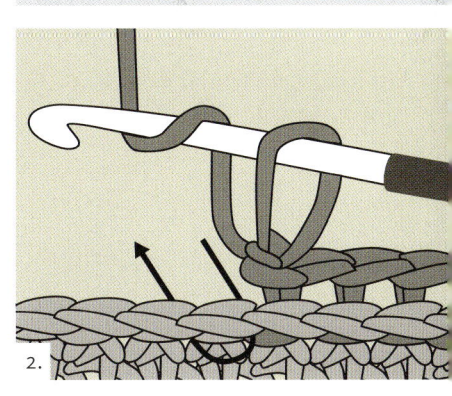

Von hinten eingestochene halbe Stäbchen oder einfache Stäbchen

1. Das Bild zeigt von hinten eingestochene halbe Stäbchen.

2. 1 Umschlag machen und von hinten vor dem Maschenhals einstechen. Die Nadel am Maschenhals vorbeilenken und vorn im gleichen Zug in die Einstichstelle nach dem Maschenhals stechen. Den Faden durchholen.

3. Anschließend den Arbeitsfaden mit 1 Umschlag auf die Nadel nehmen und durch die 3 Schlingen, die auf der Nadel liegen, ziehen.
Bei einfachen Stäbchen wird hier der Arbeitsfaden zunächst durch 2 von 3 Schlingen, die auf der Nadel liegen, gezogen und anschließend noch 1-mal durch die letzten beiden.

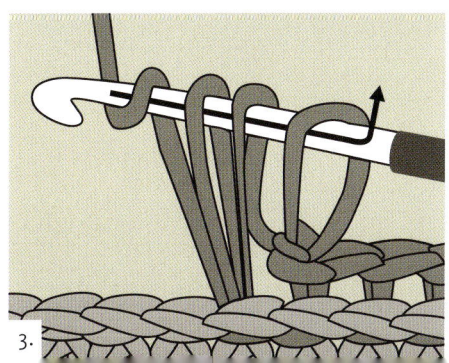

Die Flachnoppe V1 (2-fach) und V2 (3-fach)

1. Dazu 1 Umschlag machen, in die Einstichstelle stechen, den Faden durchholen.

2. Das Ganze wird nun je nach Variante mehrfach wiederholt:
   Variante 1 (V1): Bei einer 2-fachen Flachnoppe das Ganze (= 1 Umschlag machen, in die gleiche Einstichstelle stechen, den Faden durchholen) 1-mal wiederholen, bis insgesamt 5 Schlingen auf der Häkelnadel liegen (siehe Grafik).
   Variante 2 (V2): Bei einer 3-fachen Flachnoppe das Ganze 2-mal wiederholen, bis 7 Schlingen auf der Häkelnadel liegen.

   Bei beiden Varianten: Nun erneut den Faden durchholen und durch alle Schlingen ziehen.

3. Anschließend 1 Luftmasche häkeln. Die Flachnoppen der darauffolgenden Runden werden immer um die Luftmasche gehäkelt.

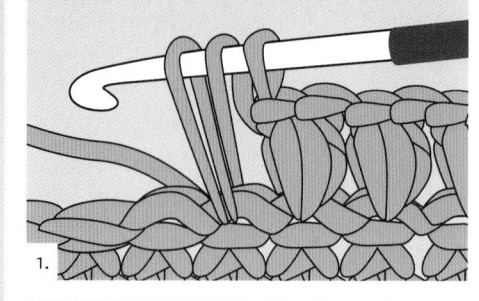

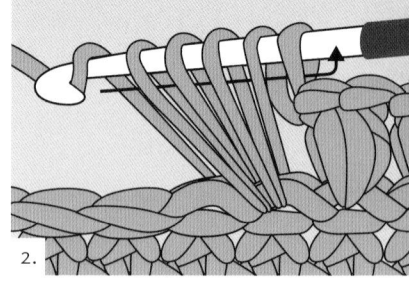

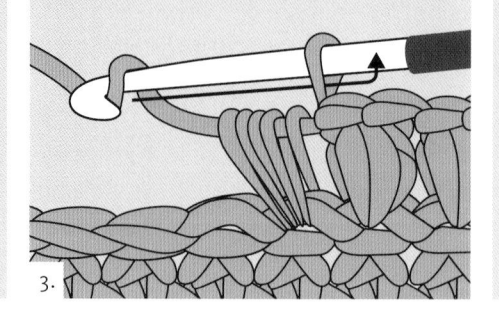

Das Margeritenmuster

Das Margeritenmuster besteht aus mehreren Schlaufen, die am Ende zusammen abgemascht und immer in der Runde verwendet werden. Nach 1 Margerite folgt anschließend immer 1 Luftmasche, die für die darauffolgende Margerite als Einstichstelle dient. Das vollständige Margeritenmuster ist erst nach dem Häkeln von mindestens 2 Runden sichtbar. Es gibt mehrere Varianten des Margeritenmusters.

> **Ein Erklärvideo zu beiden Varianten des Margeritenmusters findest du hier:**
> www.myboshi.net/Haekelanleitungen

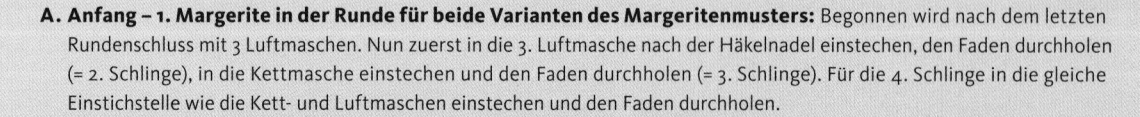

A. Anfang – 1. Margerite in der Runde für beide Varianten des Margeritenmusters: Begonnen wird nach dem letzten Rundenschluss mit 3 Luftmaschen. Nun zuerst in die 3. Luftmasche nach der Häkelnadel einstechen, den Faden durchholen (= 2. Schlinge), in die Kettmasche einstechen und den Faden durchholen (= 3. Schlinge). Für die 4. Schlinge in die gleiche Einstichstelle wie die Kett- und Luftmaschen einstechen und den Faden durchholen.

Anschließend für die 5. Schlinge in die nächste Masche stechen und noch 1-mal den Faden holen. Zuletzt den Arbeitsfaden holen, durch alle 5 Schlingen auf der Häkelnadel ziehen und 1 Luftmasche häkeln.

Variante 1
1. **Die weitere 1. Runde:**
   Die Schlinge, die sich nun auf der Häkelnadel befindet, ist die 1. Schlinge. Jetzt in das entstandene Loch der Luftmasche einstechen und den Faden durchholen (= 2. Schlinge). Um die 3. Schlinge zu bilden, einfach um den schrägliegenden Faden der 5. Schlinge der vorherigen Margerite stechen und den Faden durchholen. Nun in die gleiche Einstichstelle wie die 5. Schlinge der vorherigen Margerite einstechen und den Faden holen (= 4. Schlinge).

   Zum Schluss in die nächste Masche der Vorrunde stechen und den Faden durchholen, damit wieder insgesamt 5 Schlingen auf der Häkelnadel liegen. Anschließend den Arbeitsfaden holen, durch alle 5 Schlingen ziehen …

2. … und danach 1 Luftmasche häkeln. Auf diese Art und Weise bis zum Ende der Runde fortfahren. Bei der letzten Margerite die Luftmasche weglassen und die Runde schließen.

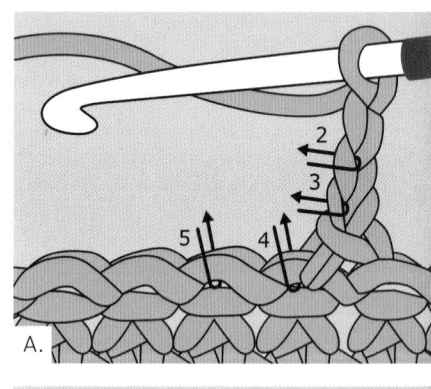

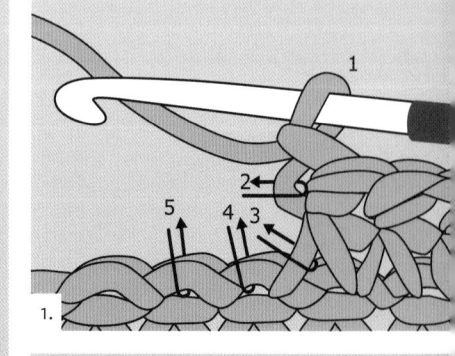

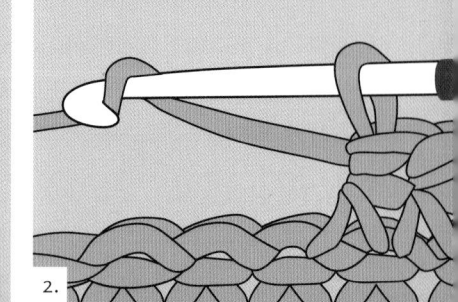

3. Die 2. Runde:
Der **Anfang** der 2. Runde für die 1. Margerite bleibt bis zur 4. Schlinge gleich. **Siehe Anfang des Margeritenmusters.** Für die 5. Schlinge in die Luftmasche (= Loch) der 1. Margerite der Vorrunde einstechen, den Faden durchholen, den Arbeitsfaden erneut holen und durch alle 5 Schlingen ziehen. Nun 1 Luftmasche häkeln.

Anschließend wie folgt weiterhäkeln:
Die Schlinge, die sich nun auf der Häkelnadel befindet, ist die 1. Schlinge. Jetzt in das entstandene Loch der Luftmasche einstechen und den Faden durchholen (= 2. Schlinge). Um die 3. Schlinge zu bilden, einfach erneut in die Luftmasche (= gleiche Einstichstelle wie die 5. Schlinge der vorherigen Margerite) einstechen und den Faden holen. Anschließend in die 1. Schlinge der Margerite der Vorrunde einstechen (= querliegende Masche vor dem Loch), Faden holen (= 4. Schlinge), in die Luftmasche (= Loch) einstechen, Faden holen und somit die 5. Schlinge bilden. Nun den Arbeitsfaden holen, durch alle 5 Schlingen ziehen und danach 1 Luftmasche häkeln. Auf diese Art und Weise bis zum Ende der Runde fortfahren.

Variante 2 – Beginn siehe A.
1. Die weitere 1. Runde:
Die Schlinge, die sich nun auf der Häkelnadel befindet, ist die 1. Schlinge. Jetzt in das entstandene Loch der Luftmasche einstechen und den Faden durchholen (= 2. Schlinge). Um die 3. Schlinge zu bilden, einfach erneut in die Luftmasche (= gleiche Einstichstelle wie die 5. Schlinge der vorherigen Margerite) einstechen und den Faden holen. Anschließend in die nächsten beiden Maschen einstechen und jeweils den Faden holen, bis wieder insgesamt 5 Schlingen auf der Häkelnadel liegen. Jetzt den Arbeitsfaden holen, durch alle 5 Schlingen ziehen …

2. … und danach 1 Luftmasche häkeln. Auf diese Art und Weise bis zum Ende der Runde fortfahren. Bei der letzten Margerite die Luftmasche weglassen und die Runde schließen.

3. Die 2. Runde:
Der **Anfang** der 2. Runde für die 1. Margerite bleibt bis zur 4. Schlinge gleich. **Siehe Anfang des Margeritenmusters.** Für die 5. Schlinge in die Luftmasche (= Loch) der 1. Margerite der Vorrunde einstechen, den Faden durchholen, den Arbeitsfaden erneut holen und durch alle 5 Schlingen ziehen. Nun 1 Luftmasche häkeln.
Anschließend wie folgt weiterhäkeln: Die Schlinge, die sich nun auf der Häkelnadel befindet, ist die 1. Schlinge. Jetzt in das entstandene Loch der Luftmasche einstechen und den Faden durchholen (= 2. Schlinge). Um die 3. Schlinge zu bilden, einfach erneut in die Luftmasche (= gleiche Einstichstelle wie die 5. Schlinge der vorherigen Margerite) einstechen und den Faden holen. Anschließend in die 1. Schlinge der Margerite der Vorrunde einstechen (= querliegende Masche vor dem Loch), Faden holen (= 4. Schlinge), in die nächste Luftmasche (= Loch) einstechen, Faden holen und somit die 5. Schlinge bilden. Nun den Arbeitsfaden holen, durch alle 5 Schlingen ziehen und danach 1 Luftmasche häkeln. Auf diese Art und Weise bis zum Ende der Runde fortfahren.

B. Für beide Varianten gilt:
Rundenschluss der 1. Runde: In die 1. Schlinge der 1. Margerite der Runde (= Masche vor dem Loch) einstechen und 1 Kettmasche bilden. Durch die weggelassene Luftmasche sieht der Rundenschluss einer Margerite ähnlich. **Wenn die Runden geschlossen werden,** werden sie auf die gleiche Art und Weise wie die 1. Runde geschlossen. **Wenn das Margeritenmuster in der Schnecke gehäkelt wird,** geht es wie folgt weiter: Alle weiteren Runden werden in der Schnecke gehäkelt. Dazu am Übergang zur nächsten Runde wie folgt einstechen: Die 1. Schlinge liegt auf der Häkelnadel, für die 2. Schlinge wie gewohnt in die Luftmasche der Margerite einstechen und den Faden holen. Für die 3. Schlinge erneut in die Luftmasche (= gleiche Einstichstelle wie die 5. Schlinge der vorherigen Margerite) einstechen und den Faden holen. Jetzt für die 4. Schlinge in die 1. Schlinge der 1. Margerite der Vorrunde einstechen (= querliegende Masche vor dem Loch) und den Faden holen. Zuletzt in die Luftmasche der 1. Margerite der 2. Runde stechen, den Faden holen, den Arbeitsfaden erneut holen und durch alle Schlingen ziehen. 1 Luftmasche häkeln. Der Anfang ist nun gemacht und alle weiteren Margeriten werden wie die der 2. Runde gearbeitet.

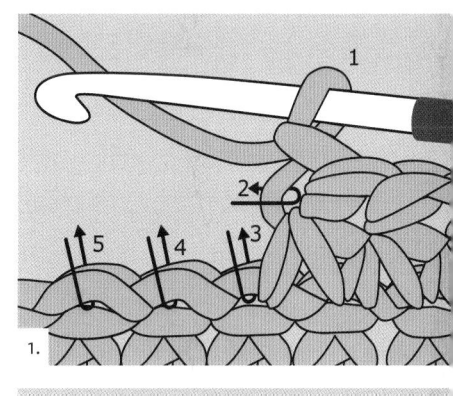

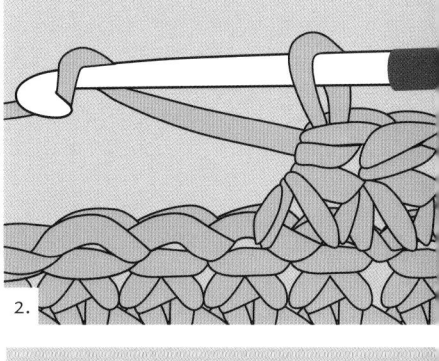

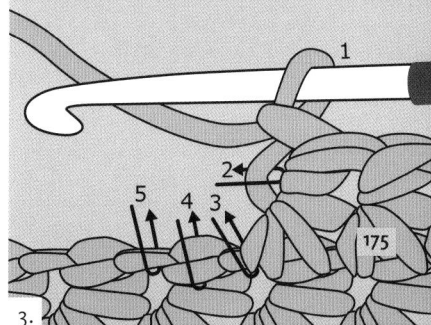

Maschenbündel mit unterschiedlicher Maschenanzahl und verschiedenen Maschenarten

Ein Maschenbündel kann aus einer unterschiedlichen Anzahl an verschiedenen Maschen bestehen, die alle in 1 Einstichstelle gehäkelt werden.
Die Grafik zeigt V 5.

Hier werden folgende Arten verwendet:
Variante 1 (V 1): Ein Maschenbündel besteht aus 3 festen Maschen.
Variante 2 (V 2): Ein Maschenbündel besteht aus 2 halben Stäbchen.
Variante 3 (V 3): Ein Maschenbündel besteht aus 3 halben Stäbchen.
Variante 4 (V 4): Ein Maschenbündel besteht aus 2 einfachen Stäbchen.
Variante 5 (V 5): Ein Maschenbündel besteht aus 3 einfachen Stäbchen.

Die Büschelmasche (jedes einfache Stäbchen in 1 eigene Einstichstelle)

Die Büschelmasche besteht aus 3 einfachen Stäbchen, die oben zusammengehäkelt werden, aber jedes Stäbchen wird in 1 eigene Einstichstelle gehäkelt.

1. 1 Umschlag machen, einstechen, Faden holen. Den Arbeitsfaden erneut holen und durch die ersten 2 Schlingen ziehen (2 Schlingen auf der Nadel). Das Ganze (= 1 Umschlag machen, einstechen, den Faden holen, den Arbeitsfaden holen und durch die ersten 2 Schlingen ziehen) 2-mal wiederholen und dabei immer in die nächste Einstichstelle einstechen. Es liegen nun 4 Schlingen auf der Nadel.
2. Faden holen und durch alle 4 Schlingen ziehen. Fertig ist die Büschelmasche!

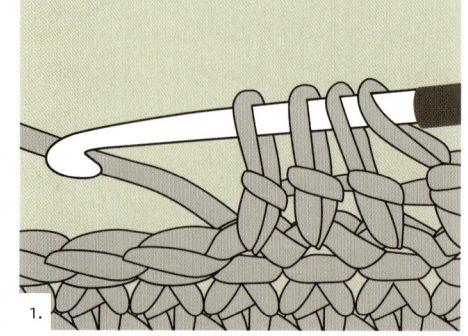

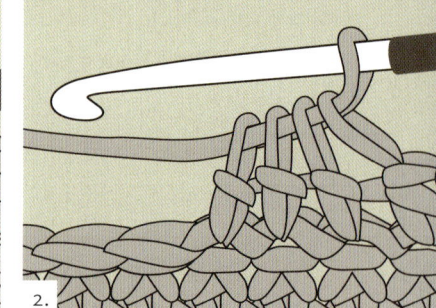

Das Reliefstäbchen

Ein Reliefstäbchen entsteht durch das Häkeln um den Maschenkörper. Man kann Reliefstäbchen mit halben Stäbchen oder mit einfachen Stäbchen häkeln.

1. 1 Umschlag auf die Nadel machen und von vorn um den Maschenkörper stechen. Den Faden holen und 1 Umschlag auf die Nadel machen: bei halben Stäbchen die 3 auf der Nadel liegenden Schlingen abmaschen. Bei einfachen Stäbchen den Faden zunächst durch 2 Schlingen ziehen und anschließend mit dem Arbeitsfaden die übrigen 2 Schlingen abmaschen.

Die Grafik zeigt Reliefstäbchen mit einfachen Stäbchen.

Kreuzstäbchen mit einfachen Stäbchen

1. Ein Kreuzstäbchen besteht aus 2 einfachen Stäbchen, die über Kreuz – ganz normal von vorn eingestochen – gehäkelt werden. Dazu zunächst 1 Einstichstelle überspringen und in die nächste Einstichstelle 1 einfaches Stäbchen häkeln.
2. Jetzt geht es zur übersprungenen Einstichstelle zurück: 1 Umschlag auf die Nadel machen und hinter dem bereits gehäkelten einfachen Stäbchen, aber trotzdem von vorn in die übersprungene Einstichstelle stechen …
3. … und 1 einfaches Stäbchen häkeln. So sehen die fertigen Kreuzstäbchen mit einfachen Stäbchen aus.

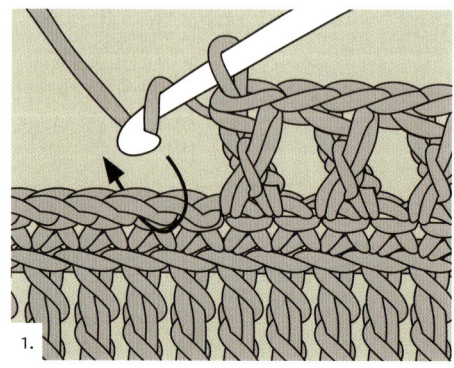

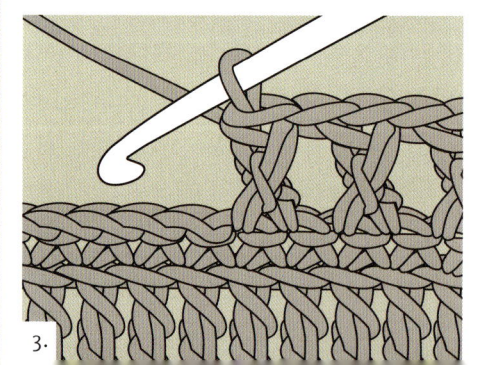

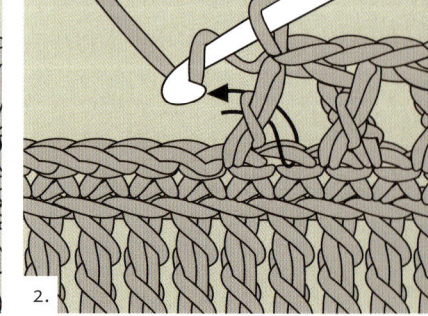

Die 1. Runde im Anfangsring (Die Anzahl der Maschen und die Maschenart der 1. Runde variieren von Anleitung zu Anleitung, die Grafik zeigt 11 halbe Stäbchen im Anfangsring.)

1. 1 Umschlag von unten auf die Nadel nehmen.
2. Mit der Nadel in den Anfangsring einstechen, dann den Arbeitsfaden von unten auf die Nadel holen und durch die Einstichstelle ziehen.
3. Den Arbeitsfaden erneut von unten mit der Nadel holen und durch alle 3 Schlingen ziehen.
4. Fertig ist das 1. halbe Stäbchen.
5. Hier sieht man 11 halbe Stäbchen im Anfangsring.

Videos
www.myboshi.net/Knowhow

Runden werden geschlossen mit Farbwechsel oder Rundenwechsel (bei festen Maschen, halben Stäbchen oder einfachen Stäbchen)

Die Runden werden geschlossen, um einen Versatz beim Farbwechsel oder Rundenwechsel zu vermeiden. (Die Grafiken zeigen den Farbwechsel. Bei unifarbenen Häkelarbeiten funktioniert der Rundenschluss genauso, nur ohne die Farbe bzw. den Faden zu wechseln.)

1. Für den Rundenschluss in die 1. Masche (feste Masche, halbes Stäbchen, einfaches Stäbchen etc.) einstechen …
2. … und 1 Kettmasche mit der alten Farbe bilden.
3. Den neuen Faden aufnehmen und
   · bei festen Maschen und halben Stäbchen 1 Luftmasche bilden.
   · bei einfachen Stäbchen 2 Luftmaschen bilden.
   · bei doppelten bzw. Dreifachstäbchen 3 Luftmaschen bilden.
4. In der gleichen Einstichstelle wie Kett- und Luftmasche(n) mit der 1. Masche der neuen Runde beginnen. (Die Grafik zeigt 1 halbes Stäbchen.)

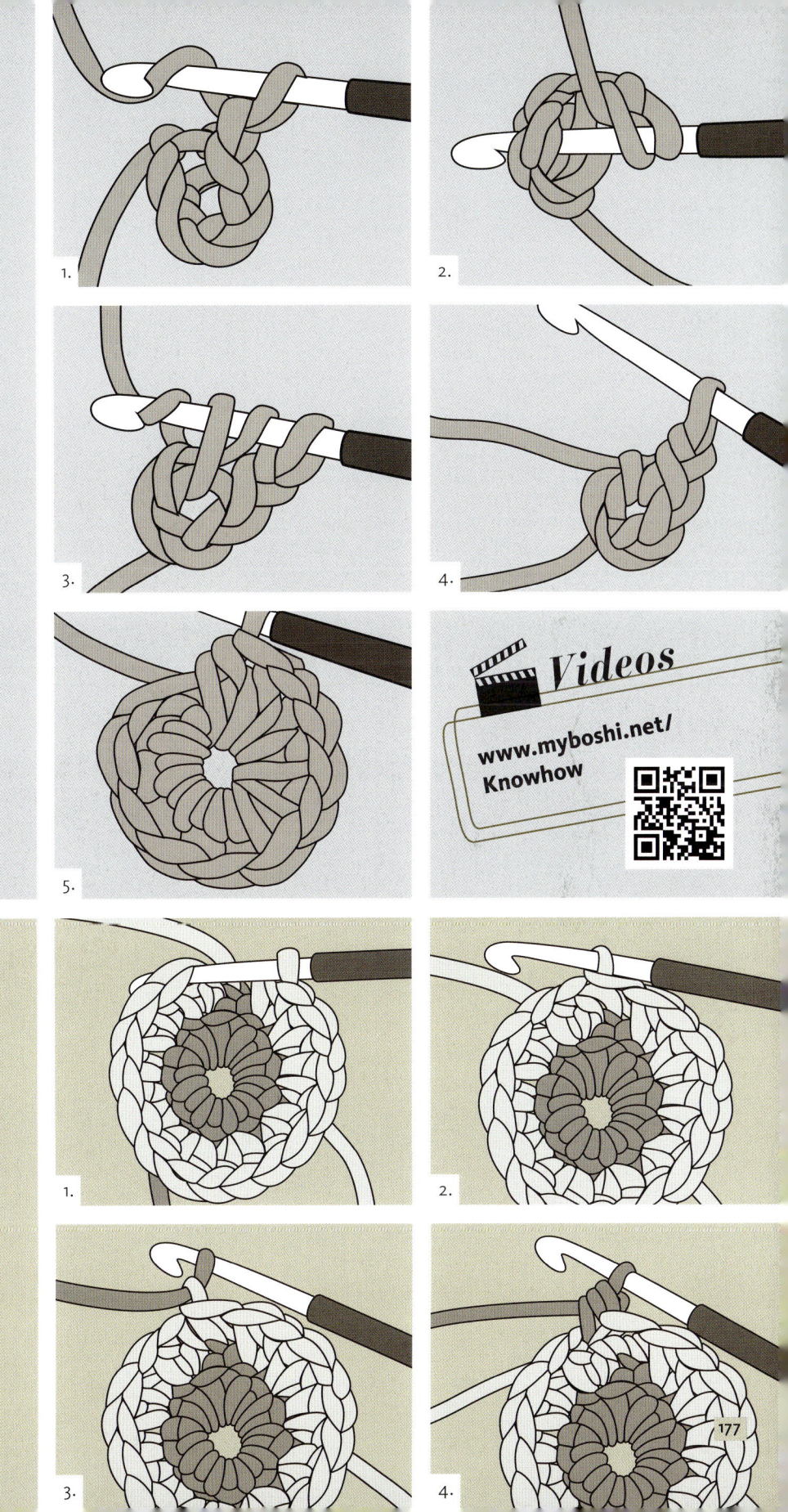

Halbe Stäbchen zusammen abmaschen

1. Den Faden vor dem Einstechen in die Einstichstelle 1-mal um die Nadel legen (= 1 Umschlag machen). In die Masche stechen und den Faden durch diese ziehen. Es liegen nun 3 Schlingen auf der Häkelnadel. Nun wieder 1 Umschlag auf die Nadel nehmen, in die nächste Einstichstelle stechen und den Faden durch diese holen. Es liegen nun 5 Schlingen auf der Häkelnadel.
2. Dann den Arbeitsfaden durch alle 5 auf der Nadel liegenden Schlingen ziehen.

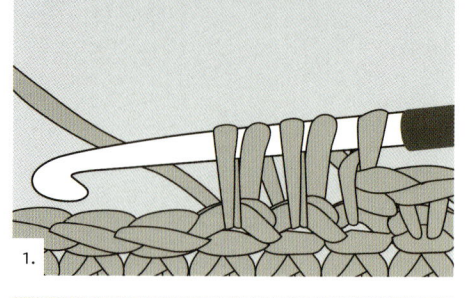

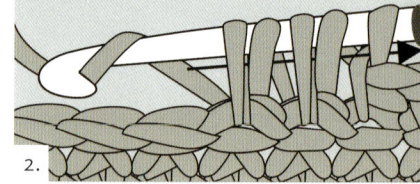

Halbe Stäbchen mit einer 2. Farbe abmaschen

1. Zuerst mit der 1. Farbe die angegebene Anzahl an Maschen häkeln. Um das nächste halbe Stäbchen mit einer 2. Farbe abmaschen zu können, einfach wie gewohnt mit der 1. Farbe beginnen, …
2. … 1 Umschlag machen, in die Einstichstelle stechen und den Faden der 1. Farbe durchholen. Somit liegen 3 Schlingen der 1. Farbe auf der Nadel. Nun den Faden der 2. Farbe aufnehmen und als Arbeitsfaden durch alle 3 Schlingen ziehen.
3. Das halbe Stäbchen wurde nun mit der 2. Farbe abgemascht.

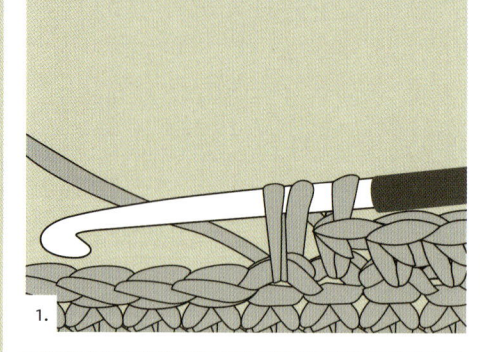

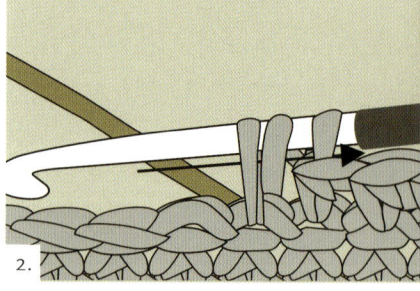

Videos
www.myboshi.net/Knowhow

Die Abschlussrunde/Rückrunde

1. Die Grafik zeigt den Rundenschluss mit 1 Kettmasche und 1 Luftmasche.
2. Das Gehäkelte mit dieser letzten auf der Nadel liegenden Schlinge um die eigene Achse drehen …
3. … und feste Maschen häkeln.

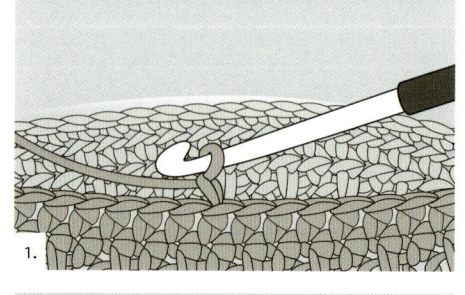

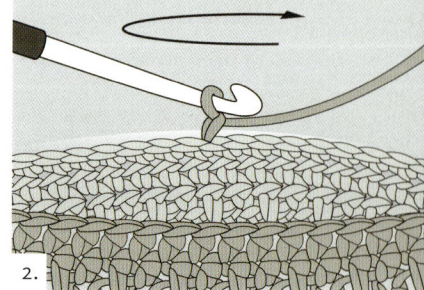

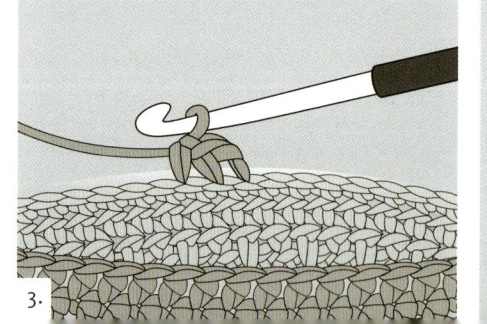

Die Krebsmasche (Feste Maschen werden nach rechts gehäkelt.)

1. 1 Luftmasche häkeln – sowohl beim Häkeln von Reihen als auch beim Häkeln von Runden. Bei Runden wird die Luftmasche nach der Kettmasche gehäkelt.
2. Nun in die letzte Masche der gehäkelten Reihe/Runde stechen und den Arbeitsfaden holen.
3. Es liegen 2 Schlingen auf der Nadel. Nun den Arbeitsfaden erneut holen und 1 feste Masche bilden. Krebsmaschen dienen als Ziernaht zum Abschluss einer Arbeit.

Fransen anknüpfen

1. Den Faden in der Mitte halbieren und an der gewünschten Stelle mit der Häkelnadel durch die Maschenschlinge stechen.
2. Mit der Häkelnadel die so entstandene Schlaufe durch die Maschenschlinge ziehen.
3. Anschließend mit der Häkelnadel in die Schlaufe stechen, die Enden des Fadens durch die Schlaufe holen und festziehen.
4. Den Vorgang so oft wie gewünscht wiederholen.

Tipp: Die Fransen können auch mit mehreren Fäden und unterschiedlichen Wollqualitäten angeknüpft werden.

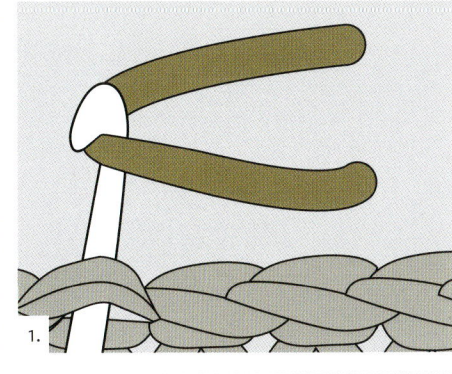

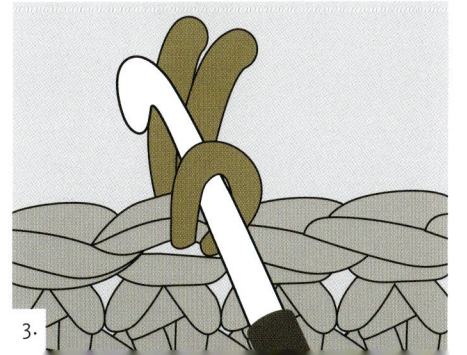

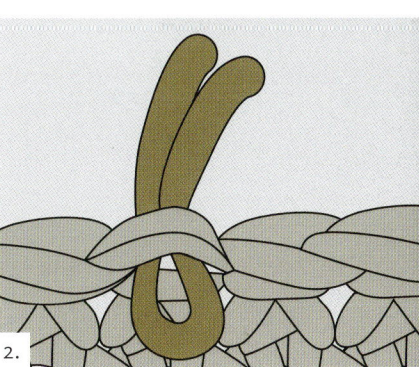

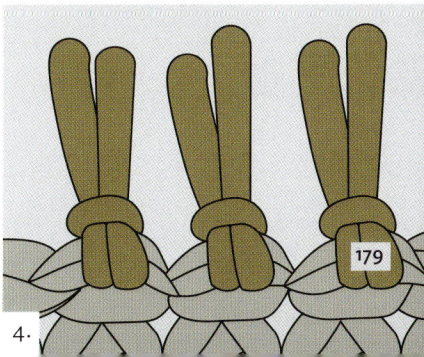

Einen Bommel herstellen (Durchmesser ca. 6 cm)

1. Mit einer Schere aus einem Stück Pappe 2 Kreise mit einem Durchmesser von 6 cm ausschneiden. Anschließend in die Mitte beider Kreise ein Loch mit einem Durchmesser von 2,5 cm schneiden und beide Kreise aufeinanderlegen.

2. Nun einen ca. 2 m langen Faden auf eine Stick-/Vernähnadel fädeln und von unten durch die Mitte der Kreise stechen. Den Vorgang fortan wiederholen, bis man mit der Nadel kaum mehr durch das Loch in der Mitte kommt.

3. Jetzt die Wolle am Rand der Pappkreise auseinanderschneiden.

4. Einen 50 cm langen Baumwollfaden zwischen den beiden Pappkreisen festziehen und einen Doppelknoten machen. Die Pappkreise an der Seite etwas aufschneiden und vom Bommel ziehen.

5. Zum Schluss wird der Bommel noch etwas frisiert und dann oben an der Boshi festgeknotet.

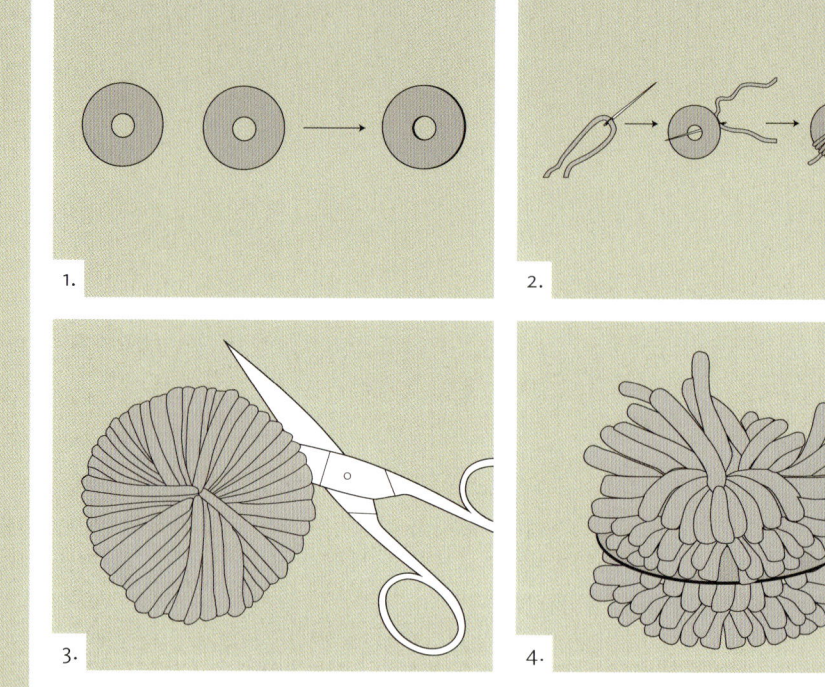

Videos

zu den beschriebenen Grundanleitungen findest du hier:
www.myboshi.net/Knowhow

Tipps und Tricks ...

Der Schlingenstich

Beim Schlingenstich werden die Maschenhälse der gehäkelten Fläche umschlungen. Dazu von rechts nach links arbeiten.

Beginn in einer Maschenreihe (1. Maschenreihe). Mit der Nadel von hinten links neben dem Maschenhals auf die vordere Maschenseite stechen (**1**).

Die Nadel mit dem Faden nach rechts um den Maschenhals schlingen und dort auf die Rückseite stechen (**2**).

Die Nadel durch die 1. Einstichstelle wieder auf die vordere Maschenseite führen. Der Faden liegt nun wieder links neben dem Maschenhals. Zwischen den umschlungenen Maschen bleiben immer 3 Maschenhälse frei. Dann schräg nach links 1 Reihe weiter oben mit der Nadel rechts von dem zu umschlungenden Maschenhals auf die Rückseite stechen (**3**).

Links vom Maschenhals wieder auf die Vorderseite stechen (**4**), die Nadel wieder durch die 3. Einstichstelle nach hinten führen und den Faden durch die 4. Einstichstelle wieder nach vorn ziehen. Der 2. Schlingenstich ist nun entstanden. Jetzt die Nadel zurück zur 1. Maschenreihe versetzt zu den beiden ersten Schlingenstichen zu einem weiteren Maschenhals führen. Rechts von dem zu umschlungenden Maschenhals auf die Rückseite stechen (**5**).

Links vom Maschenhals wieder auf die Vorderseite stechen (**6**), die Nadel wieder durch die 5. Einstichstelle nach hinten führen und den Faden durch die 6. Einstichstelle wieder nach vorn ziehen. Vorgang so oft wie gewünscht wiederholen.

Bereits in unserem Verlag erschienen:

Mit 4 Labels und QR-Codes mit Video-Anleitungen

Individuelle Mode mit Kultcharakter

MYBOSHI 4 SEASONS
Das neue Boshiversum –
Strick- und Häkel-Chic fürs ganze Jahr
Autoren Thomas Jaenisch und Felix Rohland
Fotografie Hubertus Schüler
200 Seiten, 26 Fotos und 35 Illustrationen,
Format 24,5 × 24,5 cm, gebunden, mit SU

19,95 EUR (D),
28,50 CHF, 20,60 EUR (A)
ISBN 978-3-95453-024-3

12 Kuscheltiere zum Nachhäkeln
+ Anleitung für die Mutmachmütze

Eine großartige neue Idee – eine Geschichte zum Vorlesen und Nachhäkeln!

DER KLEINE LÖWE HENRI UND SEINE GEHÄKELTEN FREUNDE
myboshi
Autoren Tanja Mairhofer, Thomas Jaenisch und Felix Rohland
Illustrationen Johanna Fritz
144 Seiten, 137 Fotos,
12 Illustrationen, Format
24,5 x 24,5 cm, gebunden

14,95 EUR (D), 15,40 EUR (A)
ISBN 978-3-95453-068-7

Tanja Mairhofer-Obele, die Geschichtenerzählerin

Johanna Fritz, die Illustratorin

Danke

Wir danken allen Fans und Handarbeitsbegeisterten, die mit ihrem Sinn für Kreativität und Spaß am Selbermachen immer wieder die Möglichkeit der Handarbeit neu entdecken und erleben wollen. Wir sind immer wieder begeistert, mit welchen Ideen und Kreationen ihr uns überrascht. Wir bedanken uns außerdem bei unserem Design-Team, das ständig auf der Suche nach neuen Handarbeitsideen ist, um diese in wunderschöne Produkte für tolle erfrischende Looks umzusetzen. Zuletzt sagen wir Danke für die Unterstützung unserer Familien und Freunde, die stets hinter uns stehen und uns den Rücken stärken.

Impressum

Der Verlag dankt allen Beteiligten, die durch ihre Mithilfe und Unterstützung zum Gelingen dieses Buches beigetragen haben. Für die unermüdlichen Bemühungen um die außerordentliche Qualität dieses Buches danken wir als Verlag unseren Mitarbeitern Johanna Hänichen, Justyna Krzyżanowska, Ellen Schlüter, Melanie Müller-Illigen, Philine Anastasopoulos, Katharina Staal, Anne Krause, Christine Zimmer, Katerina Stegemann und Valerie Mayer.

Originalausgabe Becker Joest Volk Verlag GmbH & Co. KG, Bahnhofsallee 5, 40721 Hilden, Deutschland
© 2016 – alle Rechte vorbehalten
2. Auflage Januar 2016
ISBN 978-3-95453-034-2

Autoren: Thomas Jaenisch und Felix Rohland
Design: Sarah Hohenberger, myboshi GmbH
Fotografie: Justyna Krzyżanowska
Projektleitung: Johanna Hänichen
Layout, Satz: Melanie Müller-Illigen
Bildbearbeitung und Lithografie:
Ellen Schlüter und Makro Chroma Joest & Volk OHG, Werbeagentur
Lektorat: Doreen Köstler
Outfit-Zusammenstellung Look-Seiten, Bildrecherche: Philine Anastasopoulos, Katharina Staal
Produktfotos Look-Seiten: zalando.de
Druck: Westermann Druck Zwickau GmbH

**BECKER
JOEST
VOLK
VERLAG**
www.bjvv.de